FORTALECIENDO
el Matrimonio

FORTALECIENDO
el Matrimonio

¡Cómo conseguir la profunda unidad matrimonial!

WAYNE MACK

EDITORIAL PORTAVOZ

La misión de Editorial Portavoz consiste en proporcionar
productos de calidad —con integridad y excelencia—,
desde una perspectiva bíblica y confiable, que animen a las
personas en su vida espiritual y servicio cristiano.

Título del original: *Strengthening Your Marriage,* de Wayne
Mack, © 1977 por Presbyterian and Reformed Publishing
Company, Phillipsburg, NJ.

Edición en castellano: *Fortaleciendo el matrimonio,* © 1990
por Editorial Hebrón, Fundación Evangélica de Literatura,
Posadas (Mnes.), Argentina y publicado con permiso por Editorial Portavoz, filial de Kregel Publications, Grand Rapids,
Michigan 49501. Reservador todos los derechos. Prohibida la
reproducción total o parcial de esta obra, por cualquier medio,
visual u oral, sin autorización de los editores.

Traducción: Sheila C. de Hussey

EDITORIAL PORTAVOZ
P.O. Box 2607
Grand Rapids, Michigan 49501 USA

Visítenos en: www.portavoz.com

ISBN 0-8254-1454-7

5 6 7 8 edición / año 06 05 04 03 02

Impreso en los Estados Unidos de América
Printed in the United States of America

Contenido

Prefacio

Para cumplir con el programa para su doctorado en el Westminster Theological Seminary, Wayne Mack desarrolló este singular manual práctico. He tenido el privilegio y el placer de constatar el esfuerzo que le ha demandado la preparación del material durante los dos últimos años, y sé que su trabajo ha sido minucioso. Además, es bíblico.

Pastores encontrarán que tanto los estudios bíblicos como los ejercicios personales que se incluyen les serán útiles para aconsejar a matrimonios en sus iglesias y también para el aconsejamiento prematrimonial de parejas.

Por cierto que sus propios matrimonios podrán ser fortalecidos también. Una forma de utilizar este libro es estudiándolo junto con su esposa.

Como bien saben, hay muchos libros que ofrecen ayuda en el aconsejamiento matrimonial, pero pocos que realmente son eficaces. Generalmente, lo que proveen no es información concreta y práctica, que es lo que realmente necesitan para comenzar a lograr cambios según las Escrituras. En este sentido el libro es singular. Usted y la persona a quien aconseja (aun quizá esa persona por sí sola) pueden utilizarlo.

El doctor Mack ha producido un volumen al que usted recurrirá vez tras vez. ¡Cómprelo; lo necesita en su biblioteca!

JAY ADAMS

Decano del Pastoral Institute
of Christian Counseling and
Educational Foundation
Laverock, Pensilvania

Introducción

Uno más uno igual a uno no es, por cierto, un concepto matemático exacto, pero sí una descripción precisa del propósito de Dios para el matrimonio. Esto está claramente expresado en el relato de la creación. Dice la Escritura: "Por tanto, dejará el hombre a su padre y a su madre, y se unirá a su mujer, y serán *una sola carne*" (Gn. 2:24).

Años de experiencia como pastor y consejero me han convencido que muchos matrimonios están muy por debajo de la norma bíblica. Aun muchos cristianos no están experimentando esa unidad en sus matrimonios que Dios afirma deben tener. No proveen la satisfacción que Dios quiso que tuviesen, ni tampoco son el testimonio para Cristo que Dios quiere que sean (Ef. 5:29-32).

Este manual ha sido preparado como un instrumento para desarrollar la verdadera unidad en el matrimonio. El material es como una escalera, donde cada unidad se basa y está relacionada con las demás, con el fin de lograr verdadera unidad y unión en el matrimonio.

De modo que cada capítulo tiene una sección presentada como bosquejo ampliado con el propósito de enseñar. Los puntos sobresalientes están en *itálicas* para su rápida identificación. Las referencias bíblicas están dadas con el fin de que usted mismo las estudie y descubra cómo quiere Dios lograr esa verdadera unidad. Preguntas para el estudio y ejercicios prácticos forman parte de cada capítulo. Estas preguntas y ejercicios no son solamente para que trabaje. Su propósito es proveer la base para la investigación práctica, específica y personal que resultará en el desarrollo de una mayor unidad en su matrimonio.

Las Escrituras dicen: "En toda labor hay fruto" (Pr. 14:23), y esto es por demás evidente en la relación matrimonial. Los matrimonios buenos que honran a Dios no aparecen porque sí. Son el resultado de oración y trabajo dedicado, diligente y consecuente de parte tanto del marido como de la esposa.

En este manual les animo a trabajar; a trabajar sobre la relación humana más importante de su vida. Lo que deseo que hagan no será fácil. Se requerirá tiempo, esfuerzo, meditación seria, examen doloroso, y evaluación honesta, pero les garantizo que sus esfuerzos, con oración, tendrán recompensa amplia.

La sustancia de este libro ya ha sido implementada por muchas personas con el resultado que matrimonios buenos han sido enriquecidos, matrimonios amargados han sido endulzados y el nombre de Dios ha sido manifiestamente glorificado. Mi deseo y oración es que nuestro gran Dios utilice este trabajo para promover mayor unión en su matrimonio de modo que experimenten mayor gozo y que Su bondad, poder y gloria sean más manifiestos.

CAPITULO 1

Cómo lograr la unidad mediante la comprensión del propósito de Dios para el matrimonio

En este capítulo se considerará e investigará el plan de Dios para el matrimonio según Génesis 2.18-25. Se presentan y explican aquí los conceptos de dejar, unirse y ser una sola carne. Se incluyen sugerencias de lecturas y preguntas para estudiar que deben ser completadas tanto por el esposo como por la esposa.

A. Según mi entender hay sólo una declaración acerca del matrimonio que Dios incluye cuatro veces en la Biblia.

 1. Se encuentra en Génesis 2.24, Mateo 19.5, Marcos 10.7, 8 y Efesios 5.31. Dice así: "Por esto el hombre dejará padre y madre, y se unirá a su mujer, y los dos serán una sola carne".

 2. Dios hace esta declaración acerca del matrimonio cuatro veces.

   a. Una vez en el Antiguo Testamento y tres en el Nuevo Testamento.

   b. Una vez antes de la caída del hombre en el pecado y tres después de la caída.

 3. Esta declaración contiene el propósito matrimonial de Dios para el hombre perfecto y para el hombre pecador. Contiene el plan de Dios para todos los tiempos para lograr un buen matrimonio.

B. Un buen plan es tan necesario para un buen matrimonio como para una construcción.

 1. Hoy en día hay muchos matrimonios tristes e insatisfe-

9

chos no sólo entre los no creyentes sino también entre cristianos.

2. Esta tristeza es causada en gran parte por la falta de atención al plan de Dios para el matrimonio.

3. ¿Cuál es, entonces, el plan de Dios para el matrimonio? ¿Qué involucra el matrimonio según Dios?

I. El plan de Dios para el matrimonio señala que el esposo y la esposa deben dejar a sus padres y sus madres.

A. ¿Qué significa dejar a sus padres?

1. Pues bien, ciertamente no significa que deben abandonarles y dejarles por completo (cp. Ex. 21.12; Mr. 7.9-13; 1 Ti. 5.8).

2. Tampoco significa que deben separarse geográficamente a una gran distancia. Vivir demasiado cerca de los padres al comienzo del matrimonio puede hacer más difícil el "dejar", pero es posible dejar al padre y a la madre y vivir en la casa contigua: a la inversa, es posible vivir a miles de kilómetros de distancia de los padres y no dejarles. De hecho, es posible que no hayan dejado a sus padres aunque estén muertos.

B. Dejar a sus padres significa que su relación con ellos debe cambiar radicalmente.

1. Significa que establecen una relación adulta con ellos.

2. Significa que deben ocuparse más con las ideas, opiniones y prácticas de su cónyuge que con las de sus padres.

3. Significa que no deben estar esclavizados a sus padres en cuanto a afecto, aprobación, ayuda y consejo.

4. Significa que deben eliminar cualquier actitud mala hacia sus padres, o de lo contrario estarán ligados a ellos emocionalmente aunque físicamente estén lejos.

5. Significa que deben dejar de procurar que su cónyuge cambie sólo porque a sus padres no les gusta como es.

6. *Significa que deciden que la relación marido y mujer tiene prioridad sobre toda otra relación humana.*

a. Sí. Deben preocuparse en ser un buen hijo/hija, o madre/padre, pero más deben preocuparse por ser buen esposo/esposa. *Los hijos no necesitan padres indulgentes que continuamente se despreocupen el uno del otro. Necesitan padres que les demuestren cómo enfrentar y resolver problemas.* Necesitan padres que les enseña ser buenos esposos y esposas, y a relacionarse con otras personas.

     b. Si ustedes son padres, su meta debe ser preparar a sus hijos para que los dejen, no para que se queden. Su vida no debe girar alrededor de ellos porque esto los transformará en inválidos emocionales.

     c. Ustedes deben prepararse para el día en que sus hijos se vayan, cultivando intereses comunes, aprendiendo a hacer cosas juntos, y profundizando la amistad entre ustedes.

  4. Cuando sus hijos se casan no deben procurar organizar sus vidas. Deben permitir que el joven marido sea la cabeza de su casa, que tome él mismo las decisiones, que considere a su esposa y no a ustedes como su responsabilidad primaria y su ayuda. Deben alentar a su hija a depender de su esposo, y no de ustedes en cuanto a dirección, ayuda, compañerismo y afecto.

II. El plan de Dios para el matrimonio es que el marido y la mujer deben unirse el uno al otro.

  A. En nuestra época las parejas jóvenes parecen casarse con la idea de que si su matrimonio fracasa pueden obtener el divorcio.

    1. Cuando se casan prometen ser fieles hasta la muerte, pero mentalmente añaden: "a menos que nuestros problemas sean demasiado grandes".

    2. En verdad, algunos sugieren que debiéramos renovar nuestra libreta de casamiento cada año, así como renovamos la licencia de conductor. Otros sugieren que nos olvidemos de todo el trastorno del matrimonio civil y las tensiones de la ceremonia de casamiento.

    3. Para ellos el matrimonio es algo de su conveniencia, de suerte, y puede ser muy pasajero. Todo depende de cómo caen las cartas.

  B. Pero Dios dice: "Yo no lo planeé así. Yo quise que el matrimonio fuese una relación permanente. Yo quiero que el marido y la mujer se adhieran el uno al otro" (Mr. 10.7-9).

    1. El matrimonio, entonces, no es cuestión de suerte, sino de elección deliberada.

    2. No es sólo un asunto de conveniencia sino de obediencia.

    3. No depende de cómo caen las cartas sino de cuánto están dispuestos y decididos a trabajar para su éxito.

  C. Un buen matrimonio está basado más sobre compromiso que sobre sentimientos o atracción corporal.

1. De acuerdo con Malaquías 2.4 y Proverbios 2.17, el matrimonio es un pacto o contrato irrevocable al cual estamos ligados.
2. Por tanto, cuando dos personas se casan prometen que serán fieles el uno al otro, pase lo que pase.
    a. La esposa promete que será fiel aunque el esposo engorde, se ponga calvo, o tenga que usar bifocales; aunque pierda la salud, su riqueza, su empleo, su atractivo; aunque aparezca alguien más excitante.
    b. El esposo promete ser fiel aunque la esposa pierda su belleza y atractivo; aunque no sea tan pulcra y ordenada o sumisa como él quisiera; aunque no satisfaga sus deseos sexuales completamente; aunque gaste el dinero neciamente o que sea una mala cocinera.
    c. El matrimonio significa que el marido y la mujer entran en una relación por la que aceptan total responsabilidad y se comprometen el uno al otro sin tomar en cuenta los problemas que puedan surgir.
D. En muchos sentidos el casarse se parece a la conversión.
    1. Cuando una persona se convierte a Cristo deja su antigua manera de vivir, su justicia propia, sus propios esfuerzos para salvarse, y se entrega a Cristo, que murió en lugar de los pecadores.
    2. En este acto de entrega a Cristo, se compromete a Cristo. La misma esencia de la fe salvadora es una entrega personal a Cristo en la que la persona promete confiar total y completamente en Cristo y a servirle fiel y diligentemente, sin tomar en cuenta cómo se siente o qué problemas puedan surgir (cp. Ro. 10.9; Hch. 16.31; Fil. 3.7, 8; 1 Ts. 1.9, 10).
    3. De la misma manera, *el matrimonio según Dios involucra una entrega total e irrevocable de dos personas, la una a la otra.*
        a. El matrimonio según Dios, involucra adherirse el uno al otro en enfermedad y en salud, en pobreza y en riqueza, en alegrías y tristezas, en gozo y dolor, en tiempos buenos y malos, en acuerdos y desacuerdos.
        b. El matrimonio según Dios significa que saben que deberán enfrentar problemas, cambiar opiniones acerca de ellos, buscar la ayuda de Dios, resolverlos en lugar de escapar de ellos porque no hay salida del vínculo. Están comprometidos el uno al otro de por

vida. Deben adherirse el uno al otro hoy y mañana, mientras los dos vivan.

III. El plan de Dios para el matrimonio involucra el ser una carne.
  A. En el nivel más elemental esto se refiere a relaciones sexuales o unión física.
    1. Consideren 1 Corintios 6.16.
    2. Dentro de los límites del matrimonio, las relaciones sexuales son santas, buenas y hermosas, pero fuera del contexto de "dejar" y "unir" son feas, degradantes y pecaminosas. (Estudien He. 13.4.)
  B. Sin embargo, el ser "una sola carne" involucra más que el acto matrimonial.
    1. En verdad, el acto matrimonial es el símbolo o la culminación de una unión más completa, de una entrega total a la otra persona. En consecuencia, si la unión más completa no es una realidad, las relaciones sexuales pierden su sentido.
    2. Una definición del matrimonio que me gusta mucho es: *El matrimonio es una entrega total y un compartir totalmente de la persona total con otra persona hasta la muerte.*
      a. El propósito de Dios es que cuando dos personas se casan deben compartir todo: sus cuerpos, sus posesiones, sus percepciones, sus ideas, sus habilidades, sus problemas, sus éxitos, sus sufrimientos, sus fracasos, etc.
      b. *El esposo y la esposa son un equipo* y lo que cada uno hace debe ser por amor a la otra persona, o por lo menos no debe ser en detrimento del otro. Cada uno debe preocuparse tanto por las necesidades de la otra persona como por las propias (Ef. 5.28; Pr. 31.12, 27).
      c. Los esposos ya no son dos sino una carne, y este concepto de una carne debe manifestarse en maneras prácticas, tangibles y demostrables. Dios no desea que sea sólo un concepto abstracto o una teoría idealista sino una realidad concreta. La intimidad total y la profunda unidad son parte del plan de Dios para un buen matrimonio.
    3. La intimidad total y la unidad profunda, sin embargo, no significan una total uniformidad e igualdad.
      a. Mi cuerpo se compone de muchas partes diferentes.

Mis manos no hacen la tarea de mis pies. Mi corazón no hace el trabajo de mi hígado.

b. Hay gran diversidad en mi cuerpo y sin embargo hay unidad. Las partes de mi cuerpo se ven distintas y actúan de una manera diferente, pero cuando funcionan normalmente cada parte trabaja para el beneficio de las demás, o por lo menos una parte no trata deliberadamente de herir a las otras.

c. Del mismo modo, el marido y la mujer pueden ser muy diferentes en algunos aspectos, pero no deben permitir que esas diferencias obstaculicen su unidad porque el propósito de Dios para el matrimonio es la unidad total.

C. Sin embargo, tú y yo sabemos que la total unidad no se logra fácilmente.

1. Por cierto que el obstáculo básico para el logro de la unidad es nuestra pecaminosidad.

a. En Génesis 2.25, inmediatamente después que Dios dijo que el marido y la mujer serían una sola carne, las Escrituras dicen: "Y estaban *ambos desnudos*, Adán y su mujer, y *no se avergonzaban*".

b. La desnudez de Adán y de Eva no es una recomendación al nudismo público. Esto ocurrió antes que hubieran otras personas a su alrededor. ¡Adán fue el único ser humano que vio a Eva desnuda y Eva fue la única persona que vio a Adán desnudo!

2. Es más, esto sucedió antes de que pecaran. Después que pecaron leemos que "fueron abiertos los ojos de ambos, y conocieron que estaban desnudos; entonces cosieron hojas de higuera, y se hicieron delantales". En cuanto entró en escena el pecado comenzaron a cubrirse.

a. Este intento de cubrirse ciertamente era evidencia de que estaban conscientes de su pecado ante Dios. Inmediata y neciamente procuraron esconder su pecado de Dios.

b. Aún más, al cubrirse simbolizaban su esfuerzo por esconderse el uno del otro. Cuando entró el pecado su transparencia y unidad total fueron destruidas.

3. Del mismo modo como el pecado entró y estorbó la unidad de Adán y Eva, así nuestro pecado sigue siendo la gran barrera que entorpece la unidad matrimonial en el día de hoy.

a. A veces la unidad matrimonial es destruida por el pecado del egoísmo.

b. A veces es dañada por el pecado de orgullo.

c. A veces es quebrada por el pecado de amargura o ingratitud o terquedad o vocabulario hiriente, o abandono o impaciencia o aspereza o crueldad.

d. Fue el pecado que destruyó la total unidad de Adán y Eva, y es el pecado que destruye la unidad de los esposos hoy día.

4. *Esto nos lleva a nuestra necesidad de Jesucristo.*

a. En primer lugar, *necesitamos que por intermedio de Jesucristo, lleguemos a una buena relación con Dios* (cp. Ro. 3.10-23; Is. 59.2; Col. 1.21-23; Ef. 1.7; 2.13-21; 2 Co. 5.21; 1 P. 3.18).

b. Pero no sólo necesitamos entrar en una buena relación con Dios por medio de Jesucristo, también *es necesario que Jesucristo nos ayude a estar bien relacionados el uno con el otro.* Jesucristo vino al mundo para destruir las barreras que existen entre los hombres además de las que hay entre el hombre y Dios. El quiebra las barreras que existen entre los hombres. Anula la enemistad y hace que los hombres sean uno en El (Ef. 2.14-16; Gá. 3.28). Sólo El puede tomar a un hombre y a una mujer pecadores y egoístas y lograr que dejen a su padre y a su madre, se unan y lleguen a ser una carne.

c. Por tanto, si han de experimentar la total unidad que Dios dice *es esencial para un matrimonio bueno, deben acudir a Jesucristo.* El quita las barreras. Destruye paredes que dividen. Limpia de pecado. Quiebra el poder del pecado reinante. Libera al cautivo. Le da el Espíritu Santo al hombre, el cual produce en él el fruto de amor, gozo, paz, paciencia, benignidad, bondad, fe, mansedumbre y templanza. Le da el Espíritu Santo quien hace posible que hombres y mujeres pecadores dejen a su padre y a su madre, se unan el uno al otro y lleguen a ser una carne.

Lectura adicional correspondiente al Capítulo 1

Vida cristiana en el hogar, Jay Adams (Sub-comisión de Literatura Cristiana). Capítulo 4.

Preguntas para estudiar y promover el diálogo, correspondientes al Capítulo 1

UNIDAD MEDIANTE LA COMPRENSIÓN DEL
PROPÓSITO DE DIOS PARA EL MATRIMONIO

El plan de Dios para el matrimonio
Debe ser completado por los esposos en conjunto

A. Estudien Génesis 2.18-25.

1. ¿Quién dio origen a la institución del matrimonio? _____
    _____

2. ¿Cuáles son los propósitos del matrimonio? ¿Por qué instituyó Dios el matrimonio? (cp. Gn. 1.28; 2.18; Ef. 5.22-32).

    a. _____
    b. _____
    c. _____
    d. _____

3. ¿En qué sentidos es "bueno" el matrimonio? (Gn. 2.18; He. 13.4).

    a. _____
    b. _____

4. ¿Qué es una ayuda idónea? _____

5. ¿Qué da a entender "ayuda idónea" acerca del hombre y de la mujer?

    a. El hombre_____
    b. La mujer_____

6. De acuerdo con Génesis 2.24, ¿cuál es la relación primaria humana en la vida?_____

7. ¿Qué involucra el dejar padre y madre? _____
    _____

8. ¿Qué sugieren las palabras: "se unirá"? _____
    _____

9. ¿Qué significan las palabras: "serán una sola carne"? ____

_____

10. Anoten algunas de las cosas que los casados deben hacer para lograr y manifestar esta unidad.

a. _____

b. _____

c. _____

d. _____

e. _____

f. _____

g. _____

h. _____

11. ¿Cuáles son algunas de las barreras que impiden la unidad profunda?

a. _____

b. _____

c. _____

d. _____

e. _____

f. _____

g. _____

h. _____

12. Analicen su matrimonio en cuanto a "dejar", "unirse" y "unidad".

a. ¿En verdad han dejado a sus padres? ¿De qué maneras sufre su relación matrimonial por seguir el ejemplo de sus padres en manejar el stress, enfrentar problemas, reaccionar ante personas, etc.? ¿Su cónyuge es el ser humano número uno en su vida? Averigüe lo que él/ ella piensa al respecto.

    b. ¿Está realmente unido a su pareja? ¿Cómo reacciona a las debilidades, fracasos, necesidades y problemas de su pareja? ¿Su trato de su pareja depende de su comportamiento? ¿Debe ganar su afecto y aprobación? Pregúntele lo que piensa él/ella.

    c. ¿Cómo calificaría el nivel de intimidad o de compartir en su matrimonio? ¿Total? ¿Parcial? ¿Muy bajo? ¿Hay algo que temen compartir con el otro? ¿Piensan mayormente en términos de "él" y "yo" o de "nosotros"? Analicen el nivel de su unidad espiritual, intelectual, emocional, sexual, recreativa, económica, como padres, en la comunicación, en sus ocupaciones, en la estética, y la creatividad. ¿Cuál es el punto débil y cuál el fuerte? ¿Cómo mejorarán las áreas débiles?

13. Hagan una evaluación de su matrimonio ahora. ¿Qué les gusta de su matrimonio como es ahora? ¿Cuáles son sus puntos fuertes? ¿Qué les desagrada? ¿Cuáles son sus debilidades?

Nos gusta - puntos fuertes	Nos disgusta - debilidades
a. _____	a. _____
b. _____	b. _____
c. _____	c. _____
d. _____	d. _____
e. _____	e. _____
f. _____	f. _____
g. _____	g. _____
h. _____	h. _____
i. _____	i. _____

14. ¿Cuáles son algunas metas valiosas para su matrimonio?

    a. _____

    b. _____

c. _____

d. _____

e. _____

f. _____

g. _____

15. Hagan una lista de cosas que deben evitarse si ha de mantenerse una buena relación matrimonial.

a. _____

b. _____

c. _____

d. _____

e. _____

f. _____

g. _____

h. _____

i. _____

j. _____

16. Describan su matrimonio en una frase (si es posible con una palabra). _____

B. Estudien Mateo 5.31-32 y 19.1-9 y descubran cuán permanente es el vínculo matrimonial.

1. ¿Qué indica Mateo 19.6 acerca de la permanencia de la relación matrimonial?_____

2. Aparte de la muerte (Ro. 7.1-4), ¿cuáles son las únicas razones para el divorcio según los pasajes mencionados arriba? _____

_____

3. Anoten varias cosas implícitas en el hecho de que el matrimonio es una relación permanente.

    a. _____

    b. _____

    c. _____

CAPITULO 2

Unidad mediante una clara comprensión de las responsabilidades de la esposa

Este capítulo incentiva la unidad al explicar cómo la esposa debe completar o complementar a su esposo. Se incluyen lecturas sugeridas y preguntas para el estudio. Se examina el concepto de sumisión agresiva.

A. *La mayoría de las parejas se casan teniendo grandes expectativas para su matrimonio.*
   1. Saben que muchos matrimonios han fracasado y un buen número de los que perduran no son felices. Sin embargo, creen que su matrimonio será diferente porque se aman de verdad.
   2. De modo que comienzan su matrimonio con grandes expectativas pero a menudo en poco tiempo sus expectativas se tornan en frustraciones. El matrimonio que ellos estaban tan seguros había sido hecho en el cielo cae con estrépito a tierra; las estrellas que tenían en sus ojos se transforman en arena; el encanto es ahora desilusión.
B. *¿Qué ocurró?*
   1. Ninguno de los dos había aprendido a conducir sus vidas personales o su matrimonio de acuerdo a la Palabra de Dios.
   2. Cuando Dios creó al hombre y a la mujer e instituyó el matrimonio, no hizo como un inventor que crea una máquina y luego deja que el comprador descubra cómo usarla y manejarla, cómo se relacionan entre sí las diferentes partes.
   3. No; Dios ha provisto información y dirección específica sobre el propósito del matrimonio y las distintas pero complementarias responsabilidades de las personas que

21

lo componen. Dios ha dado ciertas responsabilidades a la esposa y otras al marido. *Cuando dos personas conocen, aceptan, y cumplen las diferentes pero complementarias responsabilidades, se estimula la unidad en el matrimonio.* A la inversa, cuando el marido y la mujer no comprenden o no cumplen con las responsabilidades que Dios les ha dado se produce gran confusión y frustración.

C. *Consideraremos ahora lo que la Palabra de Dios dice acerca de las responsabilidades primordiales de la esposa en el matrimonio.* En el próximo capítulo consideraremos las responsabilidades del esposo. (Hay, por supuesto, muchos pasajes de la Palabra de Dios que hablan del rol de la esposa. Algunos pasajes claves son Gn. 2.18-25; Pr. 31.10-31; Ef. 5.22-24, 33; Tit. 2.4, 5; 1 P. 3.1-6).

I. En el Nuevo Testamento, a menudo se le ordena a la esposa a someterse, a obedecer, o a estar en sujeción a su marido (Ef. 5.22-24, 33; Col. 3.18; Tit. 2.4, 5; 1 Ti. 2.9-12; 1 P. 3.1-6).

A. La idea de la sumisión de la esposa no es muy popular hoy en día. A veces el antagonismo a la sumisión de la esposa surge de una rebelión pecaminosa contra la voluntad de Dios. En otras ocasiones puede surgir de un concepto falso de lo que involucra la sumisión de la esposa. Con el fin de corregir esto quiero señalar lo que no es la sumisión bíblica.

1. *La sumisión no es sólo un concepto para las mujeres.* Es un concepto aplicable a todo creyente (cp. Ef. 5.21; Fil. 2.3, 4; 1 P. 5.5; Ro. 13.1; He. 13.17.)

2. *La sumisión no significa que la esposa es una esclava.* En verdad, la esposa nunca es tan libre como cuando está en sumisión a su esposo, pues entonces tiene libertad para llegar a ser todo lo que Dios propuso que fuese. (Estudien la descripción de la esposa ideal según Dios en Pr. 31.10-31.)

3. *La sumisión no significa que la mujer jamás abre su boca, que nunca puede dar una opinión, que jamás da consejos* (cp. Pr. 31.26; Hch. 18.26; Jue. 13.21-23.)

4. *La sumisión no significa que la esposa es una flor de adorno que deja que sus habilidades queden adormecidas.* (Cp. cómo la esposa ideal según Dios utilizó sus talentos y habilidades en Pr. 31.)

5. *La sumisión no significa que la esposa es inferior al marido.* Jesucristo no era inferior a María y a José y, sin embargo, las Escrituras nos dicen que cuando niño "esta-

ba sujeto a ellos" (Lc. 2.51). Jesucristo en ninguna manera era inferior a Dios el Padre. Era y es en todo sentido total y completamente Dios. Sin embargo, las Escrituras afirman que hay un orden y una estructura en la Trinidad. Jesús dijo: "No puedo yo hacer nada por mí mismo; según oigo así juzgo . . . no busco mi voluntad, sino la voluntad del que me envió" (Jn. 5.30), y Pablo declaró: "Quiero que sepáis que Cristo es la cabeza de todo varón, y el varón es la cabeza de la mujer, y *Dios la cabeza de Cristo*" (1 Co. 11.3). Por cierto que esto no implica que Cristo es inferior a Dios el Padre. Más bien enseña que hay una división de las tareas y responsabilidades en la Trinidad. Del mismo modo, la sumisión de la esposa en ninguna manera implica inferioridad. En cambio, enseña la necesidad de orden y estructura, de compartir la responsabilidad en el hogar. Génesis 1.26, 27; y Gálatas 3.28 afirman el estatus de igualdad y dignidad de la mujer y el hombre.

B. Habiendo señalado lo que no es la sumisión de la esposa, ahora lo estudiaremos desde un punto de vista más positivo.

1. *Las Escrituras indican que es la responsabilidad de la mujer someterse.* En ningún lugar se dice que el esposo deba lograr la sumisión de su esposa mediante la fuerza física. Más bien, se la manda a la mujer que sea sumisa (cp. Ef. 5.22 y 1 P. 3.1).

2. *Las Escrituras indican que la sumisión de la esposa debe ser continua.* En el griego el verbo utilizado en la mayoría de los pasajes sobre la sumisión está en tiempo presente. La sumisión ha de ser el estilo de vida continuo de la esposa (cp. Ef. 5.22 y 1 P. 3.1).

3. *La sumisión de la esposa es un mandamiento, no una opción.* El verbo en el griego está en el modo imperativo (cp. Ef. 5.21, 22 y 1 P. 3.1). Su sumisión no ha de basarse sobre la forma en que la trata su esposo. Ni tampoco ha de condicionarse por las habilidades, talentos, sabiduría, educación o estado espiritual del marido (cp. 1 P. 3.1 y Lc. 2.51).

4. *La sumisión de la esposa es espiritual. Debe hacerse "como al Señor"* (Ef. 5.22). *El Señor manda que la esposa sea sumisa.* Negarse a someterse a su esposo equivale a estar en rebelión contra Dios mismo. Sumisión a su esposo es una prueba de su amor a Dios ade-

más de probar su amor hacia su esposo. La esposa, entonces, debe considerar la sumisión a su esposo como un acto de obediencia a Cristo y no solamente a su esposo. Jesús dijo: "Si me amáis, guardad mis mandamientos" (Jn. 14.15), y uno de sus mandamientos a las esposas es: "Estén sujetas a sus propios maridos . . ." (Ef. 5.22). Además, la sumisión es espiritual pues debe hacerse en el poder del Espíritu Santo. El contexto en que se ordena la sumisión indica que sólo puede ser ejercida por mujeres cuyos corazones han sido limpiados por la sangre de Cristo, que son fortalecidas en su interior por el Espíritu Santo, por mujeres que están llenas de toda la plenitud de Dios (cp. Ef. 1.1—5.21; 1 P. 1.1—3.6.)

5. *La sumisión es un concepto positivo, no negativo.* Enfatiza más lo que debe hacer que lo que no puede hacer. En mi opinión, la definición de sumisión que da Bill Gothard es muy acertada. El afirma que la sumisión "es la libertad de ser creativa bajo la autoridad instituida divinamente". La sumisión significa que la esposa coloca todos sus talentos, habilidades, recursos, y energía a disposición de su marido. Sumisión significa que la esposa cede y utiliza todas sus habilidades bajo la dirección de su esposo para el bien de él y la familia. Significa que se considera como parte del equipo de su marido. No es el contrincante de su esposo luchando contra él y procurando sobrepasarlo. No es sólo un ser independiente que va por su propio camino. Es compañera de equipo de su esposo luchando por los mismos logros. Tiene ideas, opiniones, deseos, pedidos y percepciones y con amor se los hace conocer, pero sabe que en todo equipo bueno alguien tiene que tomar las decisiones finales. Sabe que los miembros del equipo deben apoyar al capitán, a sus planes y decisiones, o no habrá progreso, sino por lo contrario, habrá confusión y frustración.

6. *La sumisión involucra las actitudes de la esposa además de sus acciones.* Jesucristo se sometió totalmente al Padre. Dijo: "Mi comida es que haga la voluntad del que me envió, y que acabe su obra" (Jn. 4.34). Pero ¿cómo sirvió al Padre? ¿Con un espíritu de resignación, servilismo o de carga? No; sirvió al Padre con alegría. Le agradaba hacer la voluntad del Padre (Sal. 40.7, 8). Del mismo modo, la sumisión de la esposa a su marido ha de ser

alegre, no servil o de mala gana. Las Escrituras declaran que la esposa según Dios "con voluntad trabaja con sus manos" (Pr. 31.13), encontrando gran satisfacción al utilizar todos los recursos dados por Dios para satisfacer las necesidades de su marido y de su familia. Efesios 5.33 contiene un importante mandato referente a la actitud en que la esposa debe someterse a su marido. Dice: "La mujer respete a su marido". Al someterse a su esposo debe hacerlo con una actitud de respeto. Esto es más claro en la Versión Ampliada del Nuevo Testamento donde afirma que la esposa ha de considerar, honrar, preferir, estimar, alabar y admirar a su esposo sobremanera.

7. *La sumisión de la esposa debe ser extensiva.* Debe someterse a su esposo como la Iglesia se somete a Cristo (Ef. 5.24). ¿Qué debe abarcar la sumisión de la Iglesia a Cristo? Debe ser total; ha de abarcar todo. Cristo es la "cabeza sobre todas las cosas en la iglesra (Ef. 1.22), y todo lo que la iglesia hace en palabra o en hecho debe ser en el nombre del Señor Jesús, en total dependencia de su persona, reconociéndole en todos sus caminos, haciendo todo para su honra y gloria (Col. 3.17; Pr. 3.5,6; 1 Co. 10.31).

Del mismo modo Pablo dice que las esposas estén sujetas a sus maridos en "*todo*". La sumisión de la esposa no es algo que cumple a veces sí, a veces no. Tampoco debe ser selectivo, eligiendo lo que le gusta y rechazando lo que le disgusta. La sumisión ha de ser su estilo de vida en todo tiempo, en todo lugar, y en todo aspecto.

Por cierto que esto no significa que ella debe obedecer a su marido cuando éste le ordena hacer lo que Dios prohibe, o cuando procura que no haga lo que Dios manda. Ha de estar sujeta a su marido "como conviene en el Señor" (Col. 3.18). La autoridad de su esposo es delegada. Siempre y cuando él no le pida que haga lo que Dios prohibe o le prohiba hacer lo que Dios manda, ella debe someterse. El no hacerlo constituye rebelión contra Dios además de contra su esposo. Sin embargo, ya que la autoridad de su esposo le ha sido delegada, él pierde su autoridad en esas ocasiones y en aquellas áreas cuando sus órdenes están *claramente* en contra de la voluntad revelada de Dios según se encuentra en la Biblia.

Cuando el marido le pide que haga algo que indudablemente es contrario a la Palabra de Dios, la esposa debe obedecer a Dios antes que al hombre (Hch. 5.28, 29).

La sumisión de la esposa a su marido, entonces, debe ser extensiva pero no necesariamente total o ilimitada. Ella debe obedecerle en todo excepto cuando contradiga la Palabra de Dios. Aun así ha de desobedecer de un modo amante, sumiso, explicando con calma y claramente sus razones por la desobediencia, asegurándole al marido de su amor y lealtad, y procurando demostrar ese amor y esa lealtad en maneras variadas, continuas y tangibles. Ha de ser la ayuda de su marido (Gn. 2.18), y no lo podrá ser si manifiesta un espíritu contencioso, desconsiderado y no cooperativo.

II. Un examen honesto de las Escrituras lleva a la conclusión que el ministerio primordial de la esposa de por vida es su marido. Cuando Dios creó a Eva para Adán dijo: "No es bueno que el hombre esté solo; le haré ayuda idónea [literalmente, correspondiente] para él. Jehová Dios formó, pues, de la tierra toda bestia del campo, y toda ave de los cielos . . . mas para Adán no se halló ayuda idónea para él. Entonces Jehová Dios hizo caer sueño profundo sobre Adán, y mientras éste dormía, tomó una de sus costillas, y cerró la carne en su lugar. Y de la costilla que Jehová Dios tomó del hombre, hizo una mujer, y la trajo al hombre" (Gn. 2.18-22).

A. Varios factores importantes acerca de la relación de la esposa con su marido surgen de este pasaje.

1. *Dios creó a la mujer para ser la ayuda del hombre.* Sin la mujer, el hombre aun en su perfección estaba incompleto.

2. *Dios creó a la mujer para ser una ayuda idónea.* Ninguno de los animales podían proveerle al hombre la ayuda que necesitaba. Sólo la mujer podía hacer eso. "El que halla esposa halla el bien, y alcanza la benevolencia de Jehová" (Pr. 18.22). "Mujer virtuosa, ¿quién la hallará? Porque su estima sobrepasa largamente a la de las piedras preciosas. El corazón de su marido está en ella confiado, y no carecerá de ganancias" (Pr. 31.10, 11).

3. *Dios creó a la mujer para corresponder al hombre.* Ella es similar al hombre pero algo diferente. Es el complemento del hombre, no su copia carbónica. Es para el hombre lo que una llave para un cerrojo y lo que una

película para una máquina fotográfica indispensable (1 Co. 11.11).

B. De acuerdo con las Escrituras la esposa fue creada para llenar las necesidades, las faltas, la incapacidad de su marido. Fue creada para ser la *ayuda singular de su marido*. Le ha de dar "bien y no mal todos los días de su vida" (Pr. 31.12). Deberá ser como *vid fructífera* en la casa de su marido (Sal. 128.3). Debe ser "una carne" con su esposo y esto sólo ocurriá en la medida que acepte y cumpla con el rol dispuesto por Dios para ella en el matrimonio.

1. *Esto no significa que todo lo que hace debe estar directamente relacionado con su marido.* Tampoco significa que nunca deba hacer algo en beneficio propio o de otros, o que jamás deba participar en actividades o ministerios fuera del hogar (Pr. 31.10-31).

2. *Significa, eso sí que jamás debe hacer algo en detrimento de su esposo o que le cause daño* o que la obligaría a descuidar su ministerio primordial de ayudar a su esposo (Pr. 31.10-31).

C. Ahora quiero sugerir formas específicas en que la esposa puede ayudar a su marido. Puede ayudarle:

1. *Haciendo que su hogar sea un lugar seguro,* un lugar de aliento, confort, comprensión y refugio (Pr. 31.11, 20). No haga bromas acerca de él ni comentarios hirientes. No le recuerde constantemente sus faltas, errores y fracasos. Corríjalo sólo si es absolutamente necesario. Evite el peligro de dejar que el hogar esté desordenado y lleno de confusión. También evite el peligro de hacer del hogar un lugar de exposición donde todo debe siempre estar alineado e inmaculado. Los maridos quieren vivir en sus hogares, y no en un lugar de exposición.

2. *Siendo confiable y formal* (Pr. 31.11,12).

3. *Manteniendo una buena actitud* (Pr. 31.26, 28, 29; Stg. 3.13-18; Fil. 4.4).

4. *Dialogando abierta y honestamente, en amor* (Ef. 4.25).

5. *Estando satisfecho con su posición, sus posesiones, sus tareas* (Fil. 4.6-13; He. 13.5, 16).

6. *Siendo sufrida, perdonadora y paciente* (Ef. 4.2, 31, 32; Col. 3.12-14).

7. *Mostrando interés en sus problemas y asuntos* (Fil. 2.3,4).

8. *Siendo miembra laboriosa, frugal, diligente, ambiciosa y creativa del equipo* (Sal. 128.3; Pr. 31.10-31).

9. *Ofreciendo sugerencias, consejo y corrección cuando sea necesario, en amor* (Pr. 31.26).

10. *Manteniéndose hermosa, especialmente en su ser interior* (1 P. 3.3-5).

11. *Manteniendo una vida espiritual buena* (1 P. 3.1, 2, 7).

12. *Cooperando con su esposo en la crianza de los hijos* (Ef. 6.20; Pr. 31.26-28; 1 Ti. 5.13, 14).

* 13. *Promoviendo lealtad a él en los hijos.* Las actitudes de la esposa hacia su marido son adoptadas rápidamente por los hijos. Una falta de respeto o confianza en su liderazgo, quejas acerca de lo que ha hecho o ha dejado de hacer ejercerán una influencia debilitante sobre los hijos. Ella debe evitar alistarse con los hijos o con cualquier otra persona, en contra de su esposo. Debe apoyarle y cooperar con él en la disciplina. Toda diferencia de opinión acerca de la disciplina debe ser dialogada lejos de los hijos.

* 14. *Siendo agradecida.* El aprecio debe expresarse libremente y en variadas formas (Ro. 13.7).

* 15. *Mostrando confianza en sus decisiones.* Desdén, falta de confianza, ansiedad, u oposición fuerte a sus decisiones puede hacer que él se torne indeciso, defensivo o reaccionario. Si la esposa duda de la sabiduría de alguna decisión importante, debe hacérselo saber sin amenazas, descontando que hay algunos hechos o factores que ella desconoce y que en verdad él desea lo mejor para todos (1 Co. 13.4-8).

D. Esposas, Dios las ha llamado a someterse a sus maridos, a ser su ayuda idónea y singular.

1. En este capítulo hemos visto esto en gran parte.

2. Pero el conocimiento de lo que significa tendrá poco valor a menos que se ponga en práctica en su relación con su marido. El conocimiento de estas verdades no estimulará la unidad en el matrimonio. El ponerlos en la práctica sí lo hará.

3. Les ruego a ustedes, esposas, que examinen su relación con sus maridos a la luz de estas verdades. ¿En verdad están practicando la sumisión a su esposo? ¿Es usted en verdad su ayuda? Sugiero que en las áreas donde está fallando haga lo siguiente:

   a. Confiese su pecado a Dios y a su marido.

---

* Debemos reconocer con gratitud al Dr. Robert D. Smith, que ha dado permiso para incluir las sugerencias 13-15. El nos ha indicado que son una destilación de conceptos enseñados por Bill Gothard.

    b. Busque la limpieza de este pecado y de todos sus pecados por medio de la sangre de Cristo (Ef. 1.7; 1 Jn. 1.9).

    c. Pídale al Espíritu Santo el poder para ser diferente (Gá. 5.16, 22, 23).

    d. Actúe en obediencia a la Palabra de Dios y haga los cambios que sean necesarios (Fil. 2.12, 13; Stg. 1.19-24).

Lectura adicional correspondiente al Capítulo 2

Vida cristiana en el hogar, Jay Adams. Capítulo 6.
La familia cristiana, Larry Christenson (Editorial Betania). Capítulo 2.
El hogar cristiano, Shirley Rice (C.L.I.E.). Lecciones 5 y 6.
¿Yo? ¿Obedecer a mi marido?, Elizabeth Rice Handford (Editorial Portavoz).

Preguntas para estudiar y promover el diálogo, correspondientes al Capítulo 2

El rol de la esposa
Debe ser completado por los esposos en conjunto

A. Estudien Efesios 5.22, 23 y respondan a las siguientes preguntas.

    1. ¿Con qué palabra se resume la responsabilidad de la esposa hacia su marido? Comparar también 1 Pedro 3.1 y 1 Timoteo 2.9-12. _____

_____

    2. ¿Qué indican las palabras "como al Señor" (v. 22) en cuanto a la sumisión de la esposa? _____

_____

    3. De acuerdo con el versículo 24, ¿qué abarca la sumisión de la mujer? _____

_____

    4. ¿Cuáles son los límites de la sumisión de la esposa según Colosenses 3.18 y Hechos 5.29? _____

_____

5. Según el versículo 24 ¿qué involucra la relación de la esposa con su marido? _____
   _____

6. Según el versículo 33, ¿cuál debe ser la actitud de la esposa hacia su marido? ¿Qué significa esto? Dar varios ejemplos de lo que significa en la práctica. _____
   _____

   _____

7. ¿Qué involucra la sumisión de la esposa? ¿Significa que es inferior a su esposo? ¿Anula su iniciativa y hace que descuide sus habilidades? Estudien Proverbios 31.10-31 y luego respondan a estas preguntas. Hagan una lista de las formas en que la mujer virtuosa de Proverbios 31 utitiza sus habilidades.

   a. _____

   b. _____

   c. _____

   d. _____

   e. _____

   f. _____

   g. _____

   h. _____

   i. _____

   j. _____

   k. _____

   l. _____

   m. _____

   n. _____

   o. _____

8. Formulen una definición bíblica de lo que significa la sumisión de la esposa. _____

_____

9. ¿Cómo puede expresar su sumisión a su marido en las siguientes áreas?

   a. Tareas del hogar _____

   b. Relaciones sexuales _____

   c. Relaciones sociales _____

   d. Disciplina de los hijos _____

   e. El trabajo del marido _____

   f. Preparación de comidas _____

   g. Devocional familiar _____

   h. Vida de la iglesia _____

B. Haga una lista de sus hábitos personales que molestan a su esposo. Comience a tratar de corregirlos a menos que el hacerlo contradiga la enseñanza bíblica.

   1. _____

   2. _____

   3. _____

   4. _____

   5. _____

   6. _____

   7. _____

   8. _____

C. Anote formas en que pueda recordar, corregir o aconsejar a su marido sin mandonear o fastidiar.

   1. _____

   2. _____

   3. _____

4. _____

5. _____

6. _____

7. _____

8. _____

D. Juntos comenten sobre las diferentes maneras en que usted completa y complementa a su marido; maneras en que es la ayuda de su esposo; maneras en que le está haciendo "bien" a su esposo.

1. _____

2. _____

3. _____

4. _____

5. _____

6. _____

7. _____

8. _____

E. Consideren otras formas en que puede o debe completar o complementar a su esposo. ¿Tiene él necesidades que podría suplir y no lo está haciendo? ¿Cómo puede ayudar a su esposo mejor que ahora?

1. _____

2. _____

3. _____

4. _____

5. _____

6. _____

7. _____

8. _____

F. Comenten sobre maneras en que esté compitiendo con su esposo en lugar de completarlo. ¿Está procurando superarlo o al menos ser igual que él? ¿Está tratando de ser un duplicado de su esposo? ¿Está procurando ser una cerradura cuando Dios la creó para que sea una llave?

   1. _____

   2. _____

   3. _____

   4. _____

   5. _____

   6. _____

   7. _____

   8. _____

G. ¿Qué puede hacer para fortalecer su matrimonio?

   1. _____

   2. _____

   3. _____

   4. _____

   5. _____

   6. _____

   7. _____

   8. _____

   9. _____

  10. _____

H. Haga una lista de las formas en que usted le hace saber a su esposo que él es importante para usted, o de lo que debiera hacer. ¿Cómo le demuestra su respeto?

   1. _____

   2. _____

   3. _____

4. _____

5. _____

6. _____

7. _____

8. _____

9. _____

10. _____

CAPITULO 3

Unidad mediante una clara comprensión de las responsabilidades del esposo

Este capítulo trata de la otra cara de la moneda, mostrando cómo el esposo complementa a su esposa. Sólo se logra la unidad en la medida en que el esposo conoce y cumple su rol bíblico. Se enuncian aquí los principios bíblicos que gobiernan las responsabilidades del marido hacia su esposa. También se sugieren lecturas adicionales y se incluyen preguntas para ser estudiadas. Se explica el concepto del marido como siervo-líder.

A. *La unidad genuina requiere la diferenciación de las responsabilidades.*
1. Imagine la confusión que reinaría en un equipo de fútbol en que ninguno conociera su responsabilidad específica.
2. Imagine la frustración que existiría en un comercio donde no hubiese ninguna descripción de tareas, donde todo fuese responsabilidad de todos y nada específicamente tarea de una persona, donde todos fuesen "general" y ninguno "soldado raso".
3. Esa es la clase de confusión y frustración que existe en muchos matrimonios porque nunca se han definido las responsabilidades de cada uno. Ambos son "jefes" y ninguno "empleado".

B. *No se puede experimentar una verdadera unidad a menos que ambos esposos conozcan, acepten y cumplan con sus variadas responsabilidades complementarias.*
1. En el capítulo 2 consideramos las *responsabilidades dadas por Dios* a la esposa para con su marido. En este capítulo nos ocuparemos de la otra cara de la moneda, o sea las *responsabilidades dadas por Dios al esposo para*

con su esposa.

2. El capítulo anterior estaba dedicado a la declaración de Dios acerca de las responsabilidades de la esposa, y lo que nos interesa ahora es la declaración de Dios en cuanto a las responsabilidades del esposo.

    a. Me interesa lo que la sociedad enseña acerca de estos temas.

    b. Pero me interesa aún más lo que Dios dice al respecto:

        1) Porque soy cristiano.

        2) Porque sé que el Dios que hizo a la mujer y al hombre es mucho más sabio que ellos.

        3) Y también porque sé que los mandamientos de Dios no son gravosos. Su voluntad es "buena, agradable y perfecta". Si Dios le da a la mujer ciertas responsabilidades entonces son buenas y agradables para ella. Si Dios le da al hombre ciertas responsabilidades lo hace por razones buenas y sabias. El hombre o la mujer que batalla contra la declaración de Dios acerca de las responsabilidades está cometiendo una necedad, pues se está negando el privilegio de experimentar una genuina unidad en la relación matrimonial.

C. *Por supuesto, hay muchos pasajes en la Biblia que hablan acerca de la parte que le toca al esposo en el matrimonio.*

    1. Algunos de los pasajes claves son: Genesis 3.16; Efesios 5.23-33; 1 Timoteo 3.4, 5; Salmo 128; 1 Pedro 3.7; 1 Corintios 7.3, 4: Proverbios 5.15-19; Colosenses 3.19.

    2. Al leer estos pasajes le oigo decir a Dios que el esposo tiene dos responsabilidades primordiales hacia su esposa.

    a. Debe ser el líder de su esposa.

    b. Debe ser el que ama a su esposa.

I. *El esposo debe ser el líder de su esposa* (Ef. 5.23; 1 Ti. 3.4, 5, 12; 1 Co. 11.3).

A. Hoy en día, cuando hablamos de liderazgo, la primera imagen que surge en nuestra mente es la de un jefe que da órdenes.

    1. Sin embargo, si pensamos según la Biblia esa no es la imagen que debe surgir.

    a. Mateo 20.20-28 nos da el concepto bíblico de un líder. De acuerdo con este pasaje, *un líder es en primer y principal lugar un siervo*. Su preocupación no

debe ser por sí mismo, ni de dar órdenes, ni de mandonear a otros, ni de imponer su voluntad. Debe preocuparse en satisfacer las necesidades de otros. En
verdad, si los intereses de otros no están sobre su
corazón, si no está dispuesto a sacrificarse, sacrificar
sus necesidades personales, sus deseos y aspiraciones, su tiempo y dinero, si las necesidades de otros
no son más importantes que las suyas propias, no
está en condiciones de liderar.
   b. Juan 13.1-15 nos presenta el mismo cuadro de lo que
significa ser líder. En este pasaje el emblema de liderazgo no es un trono o un bastón sino una gran toalla
y una vasija. En otras palabras, el líder debe tener
corazón de siervo. Y si tiene corazón de siervo, ac-
tuará como siervo y reaccionará como tal cuando se
lo trata como siervo. (Nótese como 1 P. 5.3 y 2 Ti.
2.5-11 ilustran este mismo concepto.)
2. Cuando aplicamos este concepto bíblico al liderazgo del
   marido, vemos que *el ser líder significa que debe ser el
   siervo más grande de la familia.*
   a. Debe ser la cabeza de su esposa *así como* Cristo es la
   Cabeza de la Iglesia (Ef. 5.23).
   b. Su gran modelo de liderazgo es Jesucristo, quien se
   hizo siervo (Fil. 2.6-8); que no vino a ser servido
   sino a servir y a dar su vida en rescate por muchos
   (Mr. 10.45); que es la Cabeza de todas las cosas por
   amor de la Iglesia (Ef. 1.22, 23). Todo lo que Jesucristo hace lo hace por amor a nosotros; lo hace porque en su corazón se interesa por nuestro bien.
   c. Del mismo modo, el *esposo debe vivir siempre inte-
   resándose por el bien de su esposa*, debe actuar por
   amor de ella. Debe ser el siervo-líder de su esposa.
B. Habiendo establecido el hecho de que el liderazgo bíblico
   requiere una actitud de servicio, quiero señalar algunas maneras específicas en que Jesucristo, el gran ejemplo de liderazgo, guió a sus discípulos.
   1. *Jesucristo practicó el principio de asociación continua
   con aquellos a quienes guiaba.*
      a. No guió a sus discípulos por medio de llamadas tele-
      fónicas de larga distancia, o escribiéndoles algunas
      cartas, o por visitas poco frecuentes. Durante más de
      tres años, dedicó mucho tiempo a estar con ellos (cp.

Jn. 1.39, 43; Mr. 1.17; 3.14; 4.10; 5.1, 30, 31, 40; 6.1, 30-32, 35; 8.1, 10, 27, 34; 9.2, 30; 10.13, 23, 46; 11.1.)

b. *El liderazgo bíblico requiere asociación con aquellos a quienes se guía.* Es significativo que Pedro manda a los esposos a *morar* o *vivir* con sus esposas (1 P. 3.7). El esposo no está cumpliendo con la responsabilidad conferida por Dios hacia su esposa si no se deleita en su compañía y se ocupa de que puedan disfrutar de compañerismo frecuente y regularmente. (Nótese la misma palabra utilizada en Col. 3.16 y Ef. 3.17. Lo que el cristiano debe hacer con la Palabra de Cristo en su corazón, es lo que se requiere que el esposo haga con la esposa en el hogar.)

2. *Jesucristo instruyó a sus discípulos con mucho cuidado y específicamente.*

a. En muchos lugares de las Escrituras se afirma que Jesús enseñó a sus discípulos (cp. Mt. 5.1; Mr. 4.10; Jn. 13–16). En verdad, "maestro" era *uno de los títulos que con frecuencia se aplicaba a Jesus* (Jn. 3.2; 13.13).

b. A veces enseñaba a sus discípulos formalmente (Mt. 5.1, 2; Jn. 13—16). En otras ocasiones les enseñó de manera informal, en medio de las circunstancias de la vida, cuando enfrentaba una crisis o una confrontación, o cuando se le hacía una pregunta (Mt. 19.3-12, 16-27; 21.12-32.)

c. Pero ya sea formal o informalmente, es un hecho irrefutable que Jesucristo guió y sirvió a sus discípulos por medio de la enseñanza.

d. Sin duda, Dios también espera que el esposo guíe y sirva a su esposa enseñándole. (Ver 1 Co. 14.35 donde queda establecido claramente el rol del esposo como maestro de su mujer.)

3. *Jesucristo guió a sus discípulos siendo un buen ejemplo.*

a. Al leer los Evangelios, frecuentemente encontramos que Jesús dice: "Síganme" o "Ejemplo os he dado". No sólo enseñó a los hombres a creer en la soberanía de Dios. El vivió una vida que manifestaba confianza y sumisión a la soberanía de Dios. No sólo predicó que las Escrituras debían ser la autoridad máxima. Vivió de tal modo que fue un ejemplo de lo que significa en la vida de un hombre reconocer la autoridad máxima de las Escrituras. Su vida, entonces, fue un ejemplo vívido de lo que El deseaba que sus discípulos creyeran y cómo El quería que viviesen. Por un lado, su vida ejemplar fue el patrón o modelo que debían seguir sus discípulos. Por el otro, ganó el respeto de ellos y logró que estuviesen dispuestos a someterse a su autoridad y liderazgo (cp. también Fil. 4.9; 1 Ts. 2.7-10; 1 P. 5.3.)

b. Por cierto que el liderazgo bíblico involucra ser un ejemplo para los que se está guiando. En verdad, el liderazgo del esposo significa procurar ser un ejemplo, un modelo, un patrón de piedad, santidad, compasión, dedicación y devoción a Dios.

c. También es cierto que por su pecaminosidad inherente ningún esposo humano jamás podrá ser un ejemplo perfecto para su esposa, pero debe esforzarse por lograrlo (Fil. 3.12-14). Cuando falla debe confesarlo de inmediato a Dios y a su esposa a quien ha fallado y pedirle perdón. Aun en los fracasos el marido debe ser un ejemplo para su esposa de cómo el creyente debe tratar con el pecado. En los fracasos, como también en toda otra instancia, el marido cristiano debe guiar a su esposa por el poder y la autoridad de un buen ejemplo.

4. *Jesucristo guió a sus discípulos haciendo decisiones y delegando en ellos responsabilidades.*

   a. Comparar Juan 4.1, 2; Marcos 1.35-39; 6.7; 6.35-43; Juan 11.39-44; Mateo 10.1-14; 16.23-23; 21.1, 2; 28.8-20, donde Jesús tomó decisiones y delegó responsabilidades en sus discípulos.

   b. Es de destacar que cuando Jesús delegó dio directivas claras, concisas, y específicas para que los discípulos supieran qué se esperaba de ellos y cómo debían llevar a cabo sus tareas.

   c. Al mismo tiempo, las Escrituras indican claramente que El dejó que ellos también tomasen iniciativas y fuesen creativos. También era sensible a sus temores, necesidades, dudas, y estado espiritual, emocional y físico. Les dio una estructura básica sobre la cual trabajar pero también en gran medida, libertad dentro de la estructura.

d. Del mismo modo los maridos cristianos deben guiar a sus esposas tomando decisiones y delegando responsabilidades. Ser el líder no significa que deba cargar con toda la responsabilidad y hacer todo el trabajo mientras su esposa no hace nada y no se responsabiliza por ninguna cosa. Significa, eso sí, que él se ocupará de que el trabajo se haga y de que cada uno sepa qué le corresponde hacer.

e. El marido debe guiar, y esto involucra tomar decisiones y delegar responsabilidades. Toda organización donde hay sólo dos personas necesita que alguien sea la autoridad final máxima, de lo contrario habrá caos y confusión. Los matrimonios donde la autoridad es compartida por partes iguales son imposibles. No funcionan. No pueden funcionar. *En el matrimonio alguien tiene que ser el que toma las decisiones en última instancia.* Alguien tiene que delegar responsabilidades y *Dios ha ordenado que sea el esposo.* En verdad, el marido debe tomar decisiones y delegar responsabilidades como siervo de su esposa. Las opiniones, sugerencias, deseos, consejos, pedidos, temores y dudas de la esposa deben ser seriamente tomados en cuenta. La esposa ha de ser la ayuda de su marido. Debe ser su principal consejera, consultora y persona a quien recurrir.

En realidad, si la opinión de la esposa difiere de la del marido sobre asuntos de mayor importancia sobre los cuales no hay mandamientos específicos en las Escrituras, creo que él debe tener sumo cuidado de no obligarla a aceptar su opinión. Quizá en estos casos lo mejor sería que el marido le asegure a su mujer que respeta su opinión y pedirle que juntos oren para comprender mejor lo que Dios quiere que hagan. Al mismo tiempo, al ser muy sensible a los deseos de su esposa, él no debe ser indeciso o temeroso de tomar decisiones y delegar responsabilidades. Tampoco debe ceder su deber de tomar decisiones y delegar la responsabilidad sobre su esposa. En ocasiones es posible que deje que ella tome decisiones (dónde pasarán las vacaciones, qué cortinas o muebles han de comprar), pero jamás debe ceder su responsabilidad de tomar decisiones en general. Dios lo ha llamado a ser el líder de su esposa y no puede serlo si en cambio es un seguidor de ella.

C. Maridos, Dios quiere que sean líderes de sus esposas.

1. Esto significa que debe ser el siervo de su esposa, que debe pasar mucho tiempo con ella, que le debe dar instrucción útil, escritural y práctica, que debe ser un buen ejemplo para ella y que debe tomar decisiones y delegar responsabilidades en su hogar.

2. De los muchos elementos que hacen al desarrollo de una unidad genuina este es el más importante. Sin duda, es la otra cara de la moneda en el matrimonio. Si ha de experimentarse la verdadera unidad la modalidad de vida de la esposa debe ser de sumisión genuina y bíblica. Por el otro lado, el estilo de vida del esposo debe ser la clase de liderazgo que acabamos de describir.

II. Sin embargo, la Biblia no sólo dice que el esposo debe ser el líder de su mujer, sino que también afirma que debe ser el que ama a su esposa.

A. El doctor Jay Adams, autor, consejero, profesor de seminario, ha combinado estos dos conceptos y dice que en el hogar el esposo debe proveer un liderazgo amoroso.

1. *El marido no sólo ha de ser líder sino un líder amoroso.* La importancia del amor del esposo ya está implícita en lo que se ha dicho acerca de él pero ahora es necesario enfatizarlo y ampliar este concepto.

2. *La esposa tiene tanta necesidad de ser amada, o bien el marido falta tanto en ese aspecto, que tres veces en el espacio de unos pocos versículos en Efesios 5 Dios manda al marido a amar a su mujer.*

a. Dos veces en este pasaje Dios insta al marido a *amar a su esposa como se ama a sí mismo* (vv. 28, 33).

b. Una vez instruye al marido a *amar a su esposa como Cristo amó a la iglesia* (v. 25).

B. Estos versículos nos proporcionan un mar de verdad acerca de la relación del marido con su mujer.

1. *Normalmente el hombre dedica mucho tiempo, esfuerzo y dinero para su cuidado y piensa bastante sobre esto.*

a. Sus necesidades, sus deseos, sus aspiraciones, sus esperanzas, su cuerpo, su bienestar son muy importantes para él. Se nutre y cuida a sí mismo. Protege cuidadosamente a su cuerpo y provee para sus necesidades. No hace en forma deliberada aquellas cosas que le dañarían. Cuando tiene hambre, come. Cuando tiene sed, bebe. Cuando está cansado, duerme. Cuando tiene dolor, acude al médico. Cuando se corta, lava la herida y la venda. Cuando ve que un objeto viene hacia él levanta sus brazos para protegerse. En forma natural, cuidadosa y ferviente se nutre y cuida.

b. "Bien", dicen las Escrituras, "así debe el hombre amar a su esposa. La ha de alimentar, cuidar, proteger, satisfacer, proveer, cuidar; se sacrificará por ella y le proveerá lo que necesita con la misma intensidad con que lo hace por sí mismo."

c. Es mucho amor el que debe tener el marido por su mujer. Es un nivel muy alto a que debe acceder el esposo, pero hay uno más elevado aún.

2. *Las Escrituras dicen: "Esposos, amad a vuestras esposas así como Cristo amó a la iglesia"* (Ef. 5:25).

a. ¿Quién de nosotros comprende cabalmente el amor que Cristo tiene por la iglesia? Las Escrituras hablan de la anchura, la longitud, la altura y la profundidad del amor de Cristo, que sobrepasa todo entendimiento (Ef. 3.18, 19). De este amor tan grande escribió Samuel Francis: "¡Oh profundo amor de Cristo, vasto, inmerecido don! Cual océano infinito, ya me inunda el corazón".

b. ¿Quién, entonces, puede comprender, quién puede sondear las profundidades del amor de Jesús por su pueblo? ¡Nadie! "Es posible sondear la profundidad de los poderosos océanos; podemos medir la distancia hasta la estrella más lejana, pero no podemos medir el inmenso amor de Dios. Sus dimensiones son tan altas, tan profundas, tan lejanas". (Primer estrofa de una canción de John Peterson y Alfred Smith. Traducción libre.)

c. Sí, sabemos esto acerca del amor de Cristo por su pueblo:
1) *Es un amor incondicionado o libre* (Ro. 5.8).
2) *Es un amor volitivo.* El escoge amarnos (Dt. 7.7; Ef. 1.6, 7).
3) *Es un amor intenso* (Jn. 13.1; Ef. 5.2, 25).
4) *Es un amor sinfín* (Jn. 13.1; Jer. 31.3; Ro. 8.39).
5) *Es un amor desinteresado* (Fil. 2.6, 7).

6) *Es un amor con propósito.* El se ocupa de nuestro perfeccionamiento, desarrollo, felicidad y bienestar (Ef. 5.26, 27).

7) *Es un amor sacrificado.* El nos amó y se entregó por nosotros. Murió, el Justo por los injustos, para llevarnos a Dios. En amor soportó la horrible muerte de la cruz con toda su tortura y agonía física y espiritual. En amor cargó con la culpa y el castigo del pecado, y la ira de Dios en lugar de su pueblo. En amor personalmente llevó nuestros pecados en su propio cuerpo en la cruz para que el castigo, el poder y los efectos devastadores del pecado en nuestras vidas fueran anulados (Ef. 5.2, 25; Gá. 2.20; 1 P. 3.18; Ro. 5.6-11; 1 P. 2.24).

8) *Es un amor manifestado.* Cristo manifiesta su amor en palabra y en hechos. Nos dice que nos ama. Nos demuestra que nos ama. Nos protege, ora por nosotros, nos guarda, nos fortalece, nos ayuda, nos defiende, nos enseña, nos consuela, nos castiga, nos provee todo lo que necesitamos, nos comprende y satisface todas nuestras necesidades (Jn. 10.1-14; 14.1-3; 13.34, 35; 15.9-10; Ro. 8.32; Fil. 4.13, 19; He. 4.14-16).

3. *Esta es entonces la norma por la cual el marido debe juzgar su relación con su esposa.*

   a. Ningún hombre jamás ha amado tan cabalmente a su esposa de esta manera, ni en tal grado, o extremo.

   b. Sin embargo, es la meta hacia la cual todo esposo debe seguir; el modelo que ha de imitar.

   c. Por cierto que todo esposo debe dedicar tiempo a pensar acerca de lo que significa en cuanto a su relación matrimonial. En verdad, todo esposo debiera examinarse frecuentemente para ver donde está fallando en cuanto a ser el amante que su esposa necesita y que Dios ordena que sea.

   d. ¿En verdad ama a su esposa como se ama a sí mismo? ¿En verdad prosigue hacia la meta de amar a su esposa como Cristo amó a la iglesia? ¿Es incondicional su amor por su esposa? ¿Es voluntario, intensivo, sin fin, desinteresado, con proposito y sacrificado? ¿Ese amor se manifiesta en distintas y variadas maneras? Todo marido debiera hacerse estas preguntas y quizá también formulárselas a su esposa.

4. Ya hemos señalado que la esposa parece tener una gran
necesidad de ser amada y que el marido parece fallar
precisamente en amarla.

   a. *En cuanto a ser el amante que Dios quiere que sea-*
   mos, la mayoría no llega al primer nivel. Nos consideramos grandes amantes, pero en realidad somos
   muy poco perceptivos.

   b. Quizá por esto las Escrituras amonestan a los maridos a vivir con sus esposas sabiamente, o con comprensión. Quizá porque los maridos no le damos a
   nuestras esposas y a nuestra relación suficiente consideración Dios nos ha dejado este mandamiento en
   1 Pedro 3.7. (Ver versión "Dios Habla Hoy": "sean
   comprensivos".)

C. ¿Qué significa en la práctica vivir con la esposa comprensi-
vamente? ¿Cómo puede el marido comunicarle a su esposa
su amor? Quisiera sugerir algunas maneras en que usted
como esposo puede amar a su mujer.

   1. *Una de las formas más sencillas pero menos practicadas*
   de comunicar amor es por medio de las palabras.

      a. Algunos maridos consideran que las palabras te amo
      son feas o malas y casi nunca las pronuncian.

      b. Otros las consideran como raras piezas de porcelana,
      y las utilizan sólo en ocasiones especiales o cuando
      sus esposas le preguntan: "¿Me amas?".

      c. En realidad, deben ser oídas común y corrientemente
      en el hogar. La mayoría de las mujeres ansían que
      sus esposos les aseguren en forma verbal de su amor.

   2. *Puede amar a su esposa ocupándose de satisfacer todas*
   sus variadas necesidades. (1 Ti. 5.8; 1 Jn. 3.17; Ef. 5.28).
   Recuerde que su esposa tiene diversas necesidades, tanto
   físicas como emocionales, intelectuales, sociales, de recreación, sexuales y espirituales. Y usted no es un buen
   proveedor o amante si no se preocupa de cada una de
   ellas.

   3. *Puede amar a su esposa protegiéndola* (Ef. 5.28).

      a. Su esposa necesita protección física. Quizá esté tra-
      tando de hacer más de lo que sus fuerzas físicas le
      permiten.

      b. Es posible que las exigencias de los embarazos o del
      cuidado de los hijos la estén minando. Quizá las críti-

cas o las expectativas de otros la estén abrumando.

   c. Ella necesita protección en muchas diferentes maneras y usted puede demostrarle su amor siendo su gran protector.

4. *Puede expresar su amor a su esposa ayudándole a cumplir con sus tareas y responsabilidades.*

   a. A veces los maridos piensan que no es propio del hombre lavar los platos, limpiar la casa, o cuidar de los hijos.

   b. Algunos maridos se rehusan a hacer cualquier cosa que consideran "tarea de mujeres". El puede estar en un cuarto con el bebé cuando éste comienza a llorar y su esposa está en la otra punta de la casa, pero el marido no tratará de ver por qué llora. En cambio, llama a su mujer y le dice: "El bebe llora. Ven y haz algo." Ella tiene que dejar lo que está haciendo e ir hasta donde está él. Si esto ocurre muy a menudo ella comenzará a pensar: "Mi esposo en verdad no me ama. Dice que sí pero si en realidad ma amara estaría dispuesto a ayudarme."

5. *Puede expresar su amor sacrificándose por ella* (Ef. 5.25; Fil. 2.5, 6).

   a. Tal vez usted llega a su casa cansado del trabajo, deseando sentarse en una silla para leer el diario, mirar televisión o leer un libro. Su esposa, en cambio, tiene otras ideas. Quiere hablar o salir a comer y a hacer compras, y quiere que usted la acompañe.

   b. Si en ese momento usted se niega a sí mismo y hace lo que ella quiere, aunque sea lo contrario de lo que usted quería hacer, le estará diciendo muy clara y evidentemente: "Te amo".

6. *Puede amar a su esposa dejando que ella comparta en verdad su vida* (1 P. 3.7: "coherederas de la gracia de la vida").

   a. Hace algún tiempo aconsejé a una pareja cuyo matrimonio tenía serias dificultades. Al hablar con ellos descubrí que la esposa se sentía excluida de la vida de su marido. Conocía muy poco de él, de su pasado, de sus sentimientos internos, sus esperanzas, sus sueños. Sentía que vivía con un extraño porque su esposo era tan reservado. Le costaba creer que él realmente la queda, que la amaba de verdad.

b. La mayoría de las mujeres pensarían lo mismo en esas circunstancias. En términos generales, cuanto más comparte el esposo con su mujer, cuanto más se abre, tanto más recibirá ella el mensaje de que él la quiere, que la ama.

7. *Puede expresar su amor rehusando compararla desavoráblemente con otras personas, especialmente con otras mujeres.*

a. A menudo los maridos señalan alguna habilidad que no tiene o alguna característica, cualidad, o aspecto que prefieren.

b. Su intención puede ser motivarlas a cambiar o mejorar algo, pero la esposa lo toma como una humillación. Cree que la otra persona es más del agrado de él, o más importante o más atractiva para él que ella.

8. *Puede expresar su amor demostrándole que después del Señor Jesucristo, ella ocupa el primer lugar en su vida.*

a. Necesita saber que viene antes que sin trabajo, sus hijos, sus padres, su casa, sus pasatiempos, sus deportes. Ella necesita saber que, fuera de Cristo, usted se deleita en ella más que en cualquier otra cosa o persona.

b. Si sabe eso se sentirá segura. Sabrá que usted la ama. De otro modo puede dudar de su amor.

c. Ahora bien, es fácil decir: "Fuera de Cristo, mi esposa ocupa el primer lugar en mi vida", pero todo esposo debe examinarse para ver si realmente es así. Para ayudarlo a determinar si su esposa ocupa el primer lugar o no, hágase las siguientes preguntas: *¿Qué significa más para mí:* mi esposa o mis hijos? ¿Hablar con mi esposa o tener relaciones sexuales con ella? ¿Satisfacer mis deseos o las necesidades de ella? ¿Orar con mi esposa o con otras personas? ¿Ayudar a otros o a mi esposa? ¿Mi trabajo o mi familia? ¿Las actividades de la iglesia o las necesidades de mi familia? ¿Hablar con otras personas o con mi esposa? ¿Recibir el aprecio de otros o el de mi esposa? ¿Las opiniones e ideas de otros o las de mi esposa?

9. *Puede expresar su amor brindándole ternura respeto, caballerosidad y cortesía* (Ef. 5.28; Col. 3.19; 1 Co. 13.4, 5).

a. No haga bromas acerca de ella ni le haga comentarios hirientes delante de otras personas. Si se equivoca, o comete un error al citar a otro, o bien hace o dice algo que la demerece delante de otros, dígaselo en privado, y sólo si su error afecta a un tercero.

b. *Háblele en forma respetuosa y gentil.* Sea caballero, no utilice palabras hirientes o groseras.

c. *Trátela como una joya de valor más que como escombros o tacha de basura.* Trátela como a un instrumento caro, útil y sensible y no como una herramienta barata, inútil e indestructible.

10. *Puede amarla expresando su aprecio por ella y alabándola generosa y frecuentemente* (1 P. 3.7; Pr. 31.28).

   *a. Ponga atención a las cosas que ella hace para agradecerle.

   b. No se ría o desprecie jamás las pequeñas cosas que ella haga por usted.

   c. Exprese su aprecio y respeto por su percepción, ideas, preguntas, oraciones, carácter, opiniones y compañerismo; también porque cocina, limpia y satisface sus necesidades físicas.

   d. Generalmente los hombres no expresan alabanza y aprecio a sus esposas. Una forma de corregir esta tendencia es hacer una lista de 90 a 100 cosas que usted aprecia en su esposa. Cuando haya hecho esta lista, piense en todas las maneras en que pueda expresar su aprecio y comience a ponerlas en práctica. Haga todo lo que esté de su parte para que su esposa piense que es la mujer más apreciada y más amada del mundo.

III. Conclusión.

A. *Esposos, Dios los llama a cada uno de ustedes a ser el líder y el amante de sus esposas.*

   1. Ya hemos visto en gran parte lo que esto significa.

   2. Sin embargo, este conocimiento tiene poco valor si no se aplica a su relación con su esposa. El conocimiento de estos factores no logrará la unidad en su matrimonio. Se logrará al ponerlos en práctica.

B. Por lo tanto, *examine la relación con su esposa* a la luz de estas verdades.

   1. Repase lo que ya hemos visto acerca de su responsabilidad de ser el guía y el amante de su esposa.

   2. Tome nota de áreas específicas donde está fallando y debe mejorar.

---

* Se agradece nuevamente a Robert D. Smith, M.D.

3. Cuando haya identificado esas áreas:
   a. *Confiese su pecado a Dios y a su esposa* (1 Jn. 1.9; Mt. 5.23, 24; Stg. 5.16).
   b. *Busque la purificación de este pecado y todas los demás mediante la sangre de Cristo* (Ef. 1.7).
   c. *Pídale al Espíritu Santo el poder para cambiar* (Lc. 11.13; Gá 5.16, 22, 23).
   d. *Comience a obedecer la Palabra de Dios y a hacer los cambios necesarios* (Fil. 2.12, 13; Stg. 1.19-24).

Lectura adicional correspondiente al Capítulo 3

Vida cristiana en el hogar, Jay Adams, capítulo 7.
La familia cristiana, Larry Christenson, capítulo 5.
La familia auténticamente cristiana, Guillermo D. Taylor (Editorial Portavoz), capítulo 2.

Preguntas para estudiar y promover el diálogo, correspondientes al Capítulo 3
UNIDAD MEDIANTE EL CUMPLIMIENTO DEL ROL— LA OTRA CARA DE LA MONEDA

El rol del marido
Debe ser completado por los esposos en conjunto

A. Estudien Efesios 5.22-33 y luego respondan a las siguientes preguntas:

   1. ¿Cuáles dos palabras en Efesios 5.22-33 resumen la responsabilidad del marido hacia su mujer? Comparar el versículo 23 con el 25. _____

   2. ¿Qué modelo o ejemplo debe tener presente el marido mientras ejerce autoridad sobre la esposa? (Cp. Ef. 5.23 y 1.22.) ¿Qué significa en cuanto a la libertad, responsabilidades e iniciativa de la esposa? ¿Delega Cristo responsabilidad en nosotros? ¿Deja que cometamos errores? ¿Permite que utilicemos nuestras habilidades e iniciativa? _____
   _____
   _____
   _____

3. ¿En beneficio de quién Cristo ejerce siempre su autoridad? (Cp. Ef. 1.22; 5.25-27.) ¿En beneficio de quién debiera ejercer el esposo su autoridad? (Observe Ef. 5.28.) _____

_____

_____

4. Considere las diferentes maneras en que Cristo amó a la Iglesia y luego aplíquelas a la manera en que el marido debe amar a su esposa.

a. _____

b. _____

c. _____

d. _____

e. _____

f. _____

5. Haga una lista de las necesidades de su esposa. ¿Las está satisfaciendo?

a. _____

b. _____

c. _____

d. _____

e. _____

f. _____

B. La Biblia utiliza la palabra "gobernar" para describir la posición del marido en el hogar. (Observe 1 Ti. 3.4, 5.) ¿Qué sugiere esto en cuanto a la forma en que el esposo debe tratar a su mujer y a sus hijos? _____

_____

_____

_____

C. ¿De qué manera puede el esposo ejercer un liderazgo amoroso de acuerdo con los siguientes versículos?

1. Efesios 5.29 _____

2. 1 Timoteo 5.8 _____

3. 1 Pedro 3.7 _____

4. Efesios 6.4 _____

5. Colosenses 3.19 _____

6. Proverbios 22.6 _____

7. Efesios 5.25-27 _____

8. 1 Corintios 7.3, 4, 5 _____

D. Proverbios 31.10-31 indica que un buen esposo le da a su mujer grandes responsabilidades y utiliza sus dones al máximo. ¿Qué dones o habilidades tiene su esposa que usted no tiene? ¿Qué áreas delegará a su responsabilidad? (Cp. Pr. 31.10-31; 1 Ti. 5.14: Tit. 2.4, 5; Sal. 128.3.) (Advertencia: No la obligue a tomar responsabilidades para las cuales no está preparada.)

1. _____

2. _____

3. _____

4. _____

5. _____

6. _____

7. _____

E. Proverbios 31.28 dice que el marido debe alabar y expresar aprecio por su esposa. Haga una lista de las cosas que usted aprecia en su cónyuge. Anote las formas en que puede expresarle su aprecio. (Sugerencia: Pídale a su esposa que enumere las cosas que usted aprecia de ella. Esto puede ser una revelación para usted. Si ella no sabe lo que usted aprecia de ella es porque no lo ha estado expresando. Tome como ejemplo la forma en que Adán verbalizó su aprecio a Eva y que le sirva de estímulo. Lea Génesis 2.23.)

Cosas que usted aprecia	Formas para expresarlas
1. _____	1. _____
2. _____	2. _____
3. _____	3. _____
4. _____	4. _____
5. _____	5. _____
6. _____	6. _____
7. _____	7. _____
8. _____	8. _____
9. _____	9. _____
10. _____	10. _____
11. _____	11. _____
12. _____	12. _____

F. Contraste el concepto bíblico con el del mundo. Busque los siguientes versículos y observe lo que cada uno indica acerca del verdadero amor.

1. Efesios 5.25 _____

2. Juan 3.16 _____

3. Gálatas 2.20 _____

4. 1 Juan 3.16-18 _____

5. Romanos 13.8-10 _____

6. Mateo 6.24 _____

7. Tito 2.3-5 _____

8. Juan 13.34 _____

9. Mateo 22.37-39 _____

10. Efesios 5.2 _____

11. Lucas 6:27-35 _____

12. Efesios 4.2 _____

13. Romanos 14.15 _____

14. 1 Pedro 4.8 _____

15. Gálatas 5.13 _____

16. Lucas 10.25-37 _____

17. 1 Corintios 8.1 _____

18. Proverbios 17.17 _____

19. Gálatas 6.2 _____

G. 1 Corintios 13.4-7 nos da la definición bíblica del amor. Estos versículos nos dicen que el amor consiste de muchos elementos, tanto negativos como positivos. Considere los elementos del amor. Dé una ilustración de cómo cada uno de ellos se aplicará en su matrimonio. Sea específico.

1. Es sufrido: soporta las ofensas, no se apresura, espera que el Señor corrija todo lo que está mal.

   Amaré a mi cónyuge al _____
   _____

2. Es benigno: no es desconsiderado, trata de ayudar, es constructivo, bendice cuando le maldicen, ayuda cuando le hieren, demuestra ternura.

   Amaré a mi cónyuge al _____
   _____

3. No tiene envidia sino que se contenta: no tiene celos del éxito de otra persona ni es competitivo.

   Amaré a mi cónyuge al _____
   _____

4. No se envanece sino que es humilde: no es altanero sino humilde y amable.

   Amaré a mi cónyuge al _____
   _____

5. No es jactancioso sino reservado: no presume, ni trata de impresionar, ni desea ser el centro de la atención.

   Amaré a mi cónyuge al _____

   _____

6. No es grosero sino cortés.

   Amaré a mi cónyuge al _____

   _____

7. No es egoísta sino que se olvida de sí mismo.

   Amaré a mi cónyuge al _____

   _____

8. No se irrita sino que tiene buen carácter

   Amaré a mi cónyuge al _____

   _____

9. No es vengativo ni airado sino generoso.

   Amaré a mi cónyuge al _____

   _____

10. No se goza en hacer públicos los pecados de otra persona, sino que se alegra cuando otros obedecen la verdad.

    Amaré a mi cónyuge al _____

    _____

11. No es rebelde, sino que tiene coraje, y encubre los errores de otros en lugar de hacerlos conocer.

    Amaré a mi cónyuge al _____

    _____

12. No es sospechoso, sino confiado: no es cínico sino que todo lo disculpa y procura destacar lo mejor de otros.

    Amaré a mi cónyuge al _____

    _____

13. No es pesimista sino optimista: no se rinde porque haya sido engañado o negado.

    Amaré a mi cónyuge al _____

    _____

14. No es vencido sino invencible: perdura a través de toda prueba, reproche y problema.

    Amaré a mi cónyuge al _____

    _____

H. Haga una lista de otras maneras no mencionadas en que el esposo puede amar a su mujer.

    1. _____
    2. _____
    3. _____
    4. _____
    5. _____
    6. _____
    7. _____
    8. _____
    9. _____
    10. _____
    11. _____
    12. _____
    13. _____
    14. _____
    15. _____

I. Comente con su esposa sobre los hábitos suyos que le molestan a ella. Comience a corregirlos a menos que esto contradiga a la Biblia.

    1. _____

    2. _____

    3. _____

    4. _____

    5. _____

    6. _____

    7. _____

    8. _____

J. Converse con su esposa sobre cómo puede usted ser la cabeza del hogar, proveyendo un liderazgo amoroso sin que su esposa se sienta inferior o que le está coartando su iniciativa y creatividad.

    1. _____

    2. _____

    3. _____

    4. _____

    5. _____

    6. _____

    7. _____

    8. _____

K. ¿Qué puede hacer usted para fortalecer su relación matrimonial?

    1. _____

    2. _____

    3. _____

4. _____

5. _____

6. _____

7. _____

8. _____

9. _____

10. _____

CAPITULO 4

Desarrollando la unidad mediante una buena comunicación

Una profunda unidad sólo puede lograrse cuando existe una buena comunicación. En este capítulo presentamos la necesidad de una buena comunicación y los principios que conducen a ella. Se incluyen algunas sugerencias prácticas, lectura adicional, preguntas para estudiar y ejercicios para desarrollar y mantener una buena comunicación.

A. *Dos personas no pueden caminar, trabajar o vivir juntas sin un buen sistema de comunicación.*

1. Las Escrituras preguntan: "¿Andarán dos juntos, si no estuvieren de acuerdo?" (Am. 3.3). Dos personas que andan juntas continuamente y en armonía, luchando por los mismos objetivos, conduciendo sus vidas de acuerdo a los mismos principios, ayudándose mutuamente, y disfrutando de dulce comunión, sin duda están de acuerdo.

2. Y si están de acuerdo, podemos afirmar que han aprendido a tener una buena comunicación. Una armonía continua, progresiva y armoniosa es imposible sin una buena comunicación. Las relaciones interpersonales buenas requieren una buena comunicación.

B. *Por cierto que aparte de nuestra relación con El, Dios quiere que la relación matrimonial sea la más estrecha de todas las relaciones interpersonales.*

1. Dios ha dicho acerca de esta relación: "Por tanto, dejará el hombre a su padre y a su madre, y se unirá a su mujer, y serán una sola carne" (Gn. 2.24).

2. ¿Es posible que dos personas lleguen a ser una sola carne sin un buen sistema de comunicación? ¡Por cierto que no! En gran medida la experiencia de verdadera unidad

que pueda haber en un matrimonio será determinada por la calidad de su sistema de comunicación. Salvo su unión, comunión y comunicación con Dios en y por medio de Jesucristo, no hay otra cosa más importante para desarrollar la genuina unidad.

    a. En su libro *Vida cristiana en el hogar*, Jay Adams afirma que la *comunicación tiene prioridad.* Señala que la comunicación cristiana es "la habilidad básica que se necesita para establecer y mantener relaciones sanas. Una sólida relación entre marido y mujer es imposible sin una buena comunicación" (pp. 27, 28).

    b. En el mismo tenor, Dwight Hervey Small declara en su libro *After You've Said I Do* (Después del sí quiero), que "el corazón del matrimonio es su sistema de comunicación. Puede decirse que el éxito y la felicidad de todo matrimonio se mide por la profundización del diálogo que caracteriza su unión" (p. 11).

    c. *En todo fracaso matrimonial se encontrarán barreras en la comunicación. En los matrimonios exitosos, sin lugar a duda, hay un buen sistema de comunicación.*

3. Por lo antedicho, entonces, es esencial para el desarrollo de una genuina unidad, estudiar los principios bíblicos o los requisitos para una buena comunicación.

I. *Indudablemente, uno de los requisitos básicos para una buena comunicación es la franqueza y sinceridad mutuas* (Ef. 4.25; 1 Jn. 1.7-10).

A. Cuando Pablo escribió la segunda epístola a los Corintios tenía un problema en su relación con ellos.

    1. Aparentemente algunos miembros de la iglesia estaban haciendo correr rumores acerca de Pablo. Sugerían que Pablo era una estafador en quien no se podía confiar (2 Co. 1:13-24; 2.17; 4.1, 2). Insinuaban que Pablo no se preocupaba por ellos para nada. Por supuesto que estos acusadores no habían enfrentado a Pablo personalmente. Cuando Pablo estaba allí probablemente fingían que todo estaba bien entre ellos. En cambio, cuando no estaba presente, sembraban libremente sus semillas de difamación e insinuaciones.

    2. De alguna manera Pablo se enteró de lo que ocurría y les escribió para corregir el asunto y restablecer sus buenas relaciones con ellos.

a. Por un lado negó la validez de las acusaciones. Dijo: "Nuestra boca se ha abierto a vosostros, oh corintios; nuestro corazón se ha ensanchado. No estáis estrechos en nosotros . . . a nadie hemos agraviado, a nadie hemos corrompido, a nadie hemos engañado . . . estáis en nuestro corazón" (2 Co. 6.11, 12; 7.2, 3).

b. Por otra parte, consideró a los corintios como culpables. Les dijo: ". . . sois estrechos en vuestros afectos . . . les hablo como a hijos . . . ensanchaos también vosotros [abridnos de nuevo el corazón] . . . admitidnos" (2 Co. 6:12, 13; 7.2, 3).

c. Aparentemente los corintios habían cerrado sus corazones a Pablo. En este contexto significa que había disminuido su afecto por Pablo y que no habían sido francos y honestos con él. En efecto, les está diciendo: "Nosotros no escondemos nada. Hemos sido francos y honestos con ustedes, pero en cambio, ustedes han estado ocultando algo. No han sido totalmente francos y sinceros con nosotros". Como resultado se levantó una barrera entre Pablo y los corintios.

B. *La sinceridad y la franqueza en la comunicación son esenciales para una buena relación.*

1. Las Escrituras indican que la verdad acerca de Dios se recibe sólo por revelación (Mt. 11.25; 16.17; 1 Co. 2.6-15). Si Dios no nos hubiese dado las Escrituras, si no iluminara nuestras mentes para entenderlas, si no se comunicara con nosotros, jamás podríamos conocerlo verdaderamente ni tener una relación íntima con El.

2. Del mismo modo, las Escrituras señalan que si en verdad queremos conocernos unos a otros, debemos sincerarnos y revelarnos el uno al otro.

a. "¿Quién entre los hombres puede saber lo que hay en el corazón del hombre, sino sólo el espíritu que está dentro del hombre?" (1 Co. 2.11, DHH).

b. "Porque cual es su pensamiento en su corazón, tal es él" (Pr. 23.7).

c. No puedo conocer verdaderamente a mi esposa ni ella a mí, si no somos francos y sinceros el uno con el otro.

1) Ella puede creer que me conoce; es posible que yo considere que la conozco por observarla, y en cierta medida es así. Pero no podemos conocer-

nos ni relacionarnos el uno con el otro en profundidad a menos que abramos bien nuestros corazones.

2) No lo que mi esposa pretenda ser, no lo que yo creo que es ella, no lo que otros creen que es, sino lo que ella piensa en su corazón así es ella. Y si yo no me relaciono con lo que ella es en su corazón, me estoy relacionando con un fantasma, un espejismo, y no con la verdadera persona.

d. A menudo el consejero matrimonial oirá frases como estas: "No sabía que pensabas así", o "No sabía que te molestaba lo que yo estaba haciendo", o "No sabía que tal cosa era importante para vos", "No sabía que querías que yo haga eso". Por ejemplo, una pareja que ha estado casada por muchos años sabe que falta algo en sus relaciones. Tienen dificultad en relacionarse el uno con el otro, y no saben donde radica el problema. El es reprendido por pequeñas cositas, y ella también. Son creyentes y saben que no es correcto. No es bueno para su testimonio ni tampoco para sus hijos. De modo que finalmente dejan de lado su orgullo y consultan a su pastor sobre el problema. El sondea a la pareja para tratar de detectar la raíz del problema y, luego, pide a la esposa que describa qué es lo que le molesta en su esposo. Ella traga saliva, toma coraje y comienza a compartir pequeñas cositas que la han estado molestando por años. Cuando termina, su esposo responde: "Querida, ¿por qué no me dijiste esto antes? No sabía que ésto era lo que te molestaba. Yo creía que . . .". Aquí el pastor, sabiendo que toda moneda tiene dos caras, se dirije al esposo y le pide que él describa lo que le ha estado molestando a él. El esposo se sincera y cuenta lo que le ha estado molestando y su esposa responde: "¿Eso era lo que te molestaba? No lo sabía. ¿Por qué no me lo dijiste?"

e. En esta ilustración de la vida real, los esposos no podían tener una buena relación el uno con el otro porque no se conocían. Y no se conocían porque encubrían algo, se negaban a ser totalmente francos. Quizá comenzaron a hacer esto con buenas razones: no querían armar un escándalo; no querían herir al otro; era algo tan insignificante; la Biblia dice que debemos dar la otra mejilla; el otro puede enojarse y rechazarme. Al final, cuando el encubrir lo que realmente pensaban y negarse a hablar de sus desacuerdos o diferencias de opinión había llegado a ser costumbre, las pequeñas cositas habían comenzado a amontonarse. Pequeños problemas no resueltos tomaban proporciones irreales y una acumulación de pequeños problemas había formado entre ellos una enorme barrera invisible.

3. Las Escrituras nos mandan: "Airaos, pero no pequéis; no se ponga el sol sobre vuestro enojo, ni deis lugar al diablo" (Ef. 4.26, 27). Aplicado a la relación matrimonial significa que lo que produce irritación entre los esposos debe ser tratado de inmediato y en forma concluyente.

   a. Por otro lado, hay ocasiones cuando es correcto tratar el problema encubriéndolo, no tomándolo en cuenta, perdonando u olvidando la falta o el enojo de la otra persona (1 P. 4.8; Pr. 10.12; 1 Co. 13.5, 7).

   b. Sin embargo, si esto no puede y no debe hacerse (porque traería vergüenza sobre el Señor Jesucristo, o dañaría al cónyuge) el problema debe encararse enérgicamente pero con amor, deben dialogar y si es posible resolverlo.

   c. Es muy evidente, entonces, que las relaciones íntimas, genuinas, sólo pueden prosperar en un marco de franqueza y sinceridad. Con esto *no quiero decir que una pareja deba exponer absolutamente todo.* Las Escrituras nos advierten que es una vergüenza hablar o siquiera pensar de algunas cosas (Ef. 4.29; 5.3, 4; Mt. 5.27, 28; Fil. 4.8).

4. Varios principios bíblicos deben guiarnos, aún con nuestras parejas, al ser francos y sinceros. Enumeraré estos principios en forma de preguntas y espero que las memoricemos y las utilicemos como guías en nuestros esfuerzos por comunicarnos.

   a. ¿Es realmente *cierto*? ¿Conozco bien los hechos? (Ef. 4.29; Pr. 18.13).

   b. ¿Lo que deseo decir es de *provecho*? ¿Ayudará o causará dolor? ¿Será constructivo o destructivo? (Pr. 20.15; Ef. 4.29; Ro. 15.1-3).

     c. ¿Es este el *mejor momento* para decirlo o sería mejor esperar? (Pr. 15.23, 28; 25.11, 12).

     d. ¿Es correcta mi *actitud*? (Ef. 4.15, 23; 1 Co. 16.14; Tit. 3.1, 2).

     e. ¿Las *palabras* que usaré son las mejores? (Pr. 12.25; 15.1, 23; 16.23; Ecl. 12.10).

     f. ¿He *orado* por este asunto y estoy confiando en la ayuda de Dios? (Pr. 3.5, 6; Col. 4.2-6; Sal. 19.14).

  5. Como ya he dicho, ninguna pareja puede llegar verdaderamente a ser uno sin franqueza y sinceridad en la comunicación. Al mismo tiempo, *debe tratarse de la franqueza y sinceridad correctas.* De otro modo, destruirá las relaciones en lugar de fortalecerlas. Estas seis preguntas servirán de guía para el ejercicio de la correcta franqueza en las comunicaciones.

II. De lo antedicho se desprende claramente que el *auto-control es un requisito para una buena comunicación.*

  A. A veces he oído a personas que toman en broma tener "genio ligero".

     1. O poniéndose a la defensiva dicen: "Me enojo con facilidad pero enseguida se me pasa".

     2. O bien después de haber mostrado su enojo en forma muy acalorada dicen: "Opino que hay que llamar las cosas por su nombre, y decir lo que pienso pero en realidad no le doy mucha importancia. Puede preguntarle a cualquiera; le dirán que no guardo rencores."

  B. Pues bien, yo le aseguro que *tener "genio ligero" no es cuestión de broma.*

     1. El Dr. James Kennedy en un sermón titulado "Comunicación en el hogar" escribe: "A través de los años al hablar con personas que hacen tal aseveración (la de llamar a las cosas por su nombre) he notado que siempre se refieren a cosas de otros. Hablan la verdad pero demuestran tanto amor al hacerlo como un balde lleno de ácido clorhídrico".

     2. Vivir con alguien que tiene "genio ligero" no es una experiencia muy agradable.

        a. ¿A quién le gusta vivir al pie de un volcán activo? ¿A quién le gusta que le echen encima lava caliente en forma regular? Al principio puede parecerle novedoso, pero después de un tiempo produce temor.

        b. ¿A quién le gusta estar sobre una bomba de tiempo que explota a intervalos frecuentes?

    c. ¿A quién le gusta ser el objeto de frecuentes expresiones de amargura, resentimiento, enojo, ira y clamor? ¿A quién le gusta que le griten? ¿Quién se deleita en vivir con una persona que no puede controlar su genio violento? ¿A quién le resulta fácil comunicarse abiertamente con alguien que se irrita y ofende fácilmente y es quisquilloso y rencoroso?

C. El antiguo dicho: "Palos y piedras pueden quebrar mis huesos, pero las palabras jamás me hieren" es totalmente falso.

    1. *La Biblia tiene mucho que decir acerca del poder destructivo de hablar mal.*

        a. Las Escrituras afirman que nuestras palabras pueden ser tan peligrosas y dolorosas y destructivas como "golpes de espada", y "llama de fuego" (Pr. 12.18; 16.27; Stg. 3.5-8).

        b. Además dice que nuestras palabras pueden ser como un gran mazo o una flecha puntiaguda que produce ruina, devastación, destrucción y muerte.

    2. A causa de falta de control se han infligido muchas heridas, se han dado golpes dolorosos, muchos matrimonios han sido envenenados o saboteados.

        a. Palabras con odio, violentas, rencorosas, precipitadas, amargas, o mordaces han sido lanzadas a gran velocidad y con frecuencia sobre otra persona, dejándola abatida, maltrecha, golpeada y sin esperanza.

        b. ¿Cuál es el resultado? Se cierran las vías de comunicación y la relación matrimonial se deteriora. El matrimonio de Juan y María estaba en una grave condición. Muchas veces habían considerado el divorcio y nuevamente María estaba convencida que esta era la única solución. Al sentarse en la oficina del consejero, la hostilidad era tan densa que se podía cortar con un cuchillo. María parecía abatida y totalmente derrotada. Tenía la cabeza baja y actuaba como un conejo asustado. Sus ojos revoloteaban de un lugar a otro y no quería mirar de frente a los que estaban allí. Muy pronto se hizo evidente que Juan tenía un genio violento sobre el cual no ejercía ningún control. Normalmente reaccionaba ante conflictos de opiniones, críticas, o dificultades de cualquier índole, poniéndose de pie, caminando de un lado a otro y hablando en un tono de voz muy alto, y en forma irritada, dogmática, y a la defensiva. Esto se había tomado un hábito, y había tenido efectos devastadores sobre la actitud de su esposa hacia sí misma y hacia la vida, y también sobre su propia relación con ella. Por cierto que la forma en que ella respondía a su genio violento era errónea pero él había provisto el entorno donde estas hierbas mortales habían crecido. La falta de control de él sobre sus emociones, sus palabras mordaces, degradantes, condenatorias, críticas y turbulentas habían creado una atmósfera donde la comunicación con sentido y peso había dejado de existir. Su matrimonio nos sirve como trágica ilustración del hecho que el auto-control de las palabras y emociones es un requisito para una buena comunicación.

D. *Hay, sin embargo, otras dos formas de auto-control que son igualmente importantes para una buena comunicación.*

　1. *Una es la habilidad de controlarse cuando esté tentado a permanecer en silencio o a poner mala cara.*

　　a. Es posible que en ocasiones "el silencio es oro", pero si esa es la forma en que normalmente responde a la oposición, al conflicto, a diferencias de opinión honestas, crítica o desacuerdos, nunca podrá derollar una íntima relación con otra persona.

　　b. Una mujer estaba orgullosa de que jamás había levantado la voz a su esposo, ni tampoco había tenido desacuerdos verbales con él. En cambio, cuando surgía un conflicto, permanecía callada. Cuando su esposo se volvió cada vez más frío con ella y tenía menos que decirle, ella no lo podía comprender. Había sido siempre tan sumisa, o por lo menos, así lo creía.

　　c. Lo que esta mujer no comprendió era que su esposo no quería una mujer silenciosa como esposa. El quería una compañera, una ayuda, alguien con quien pudiese hablar, alguien con quien poder discutir inteligentemente los problemas; alguien que estimulara y calmadamente desafiara o aclarara sus ideas al presentarle otro punto de vista, pero su esposa nunca hizo eso. Permanecía callada.

　　d. No estoy señalando que una mujer deba ser discutidora, gritona y alborotada. Debe tener un espíritu afable y apacible (1 P. 3.3, 4). Sin embargo, las Escrituras dicen que la mujer ideal para Dios, abre "su boca con sabiduría, y la ley de clemencia está en su lengua" (Pr. 31.26).

e. La tentación de responder siempre a los desacuerdos con silencio debe evitarse si se ha de mantener una buena comunicación. En cambio, debe ejercerse el auto-control, los problemas deben ser enfrentados, y los desacuerdos y conflictos deben ser dialogados ampliamente con calma y respeto.

2. *Otro aspecto importante del auto-control que debemos mencionar es el control de las "lágrimas de cocodrilo" o "lágrimas manipuladoras".*

a. Le pregunté a un pastor amigo: "¿Qué obstáculos hay para una buena comunicación entre tú y tu esposa?" De inmediato me respondió: "Lo que realmente me molesta es cuando ella se pone a llorar. Cuando hace eso no sé qué hacer, no sé que decir, ni como manejar la situación. Me doy por vencido y la vías de comunicación se cortan".

b. No creo que este hombre se refería a lágrimas de simpatía o de preocupación o tristeza por pecado. Pienso que se refería a lágrimas de autocompasión, lágrimas de cocodrilo, manipuladoras, lágrimas que se derraman porque la persona no quiere enfrentar los problemas o está herida porque alguien está en desacuerdo o la desaprueba.

c. Para algunos de nosotros resulta fácil llorar cuando nos sentimos heridos, o cuando surgen conflictos, o cuando alguien expresa una opinión desfavorable. Entonces el llorar se convierte en nuestra forma natural, habitual de responder a situaciones difíciles. Debemos pedir el auxilio del Espíritu Santo para controlarnos y cambiar nuestra respuesta porque las lágrimas de cocodrilo o de manipuleo atascarán los circuitos de una buena comunicación matrimonial.

III. *En los principios de comunicación que ya se han indicado está implícita la necesidad de un espíritu curativo, comprensivo, dispuesto a aceptarlo todo, pero es necesario ampliarlo y darle mayor énfasis.*

A. Cuando hablamos de controlar nuestro genio o nuestras palabras o lágrimas, nos referimos al control de cosas que son obstáculos o barreras para una buena comunicación.

1. Es significativo que cuando Pablo se refiere a las relaciones interpersonales cristianas, en Efesios dice: "Ninguna palabra corrompida salga de vuestra boca . . . Quítense de vosotros toda amargura, enojo, ira, gritería y maledicencia y toda malicia" (Ef. 4.29, 31).

2. Estas reacciones deben controlarse, deben ser quitadas de nuestra vida si queremos experimentar una genuina unidad en la relación matrimonial.

B. Sin embargo, *no es suficiente controlar estas reacciones negativas.*

1. Según dice Pablo no sólo debemos despojarnos de ciertas cosas sino que también debemos revestirnos de otras.

2. Es verdad. No sólo debemos dejar de reaccionar incorrectamente; también debemos comenzar a actuar de acuerdo a la Biblia.

3. Debemos reemplazar prácticas pecaminosas con otras santas y justas.

C. Con referencia a una buena comunicación esto significa que *debemos reemplazar nuestro espíritu enjuiciador, crítico, exigente, entrometido, envilecedor, rencoroso por un espíritu comprensivo, alentador, paciente, y dispuesto a aceptarlo todo.*

1. Efesios 4.2 nos exhorta a vivir "con toda humildad y mansedumbre, soportándoos con paciencia los unos a los otros en amor".

2. El versículo 29 del mismo capítulo nos manda a usar palabras "buenas, para la necesaria edificación, a fin de dar gracia a los oyentes".

3. El versículo 32 nos instruye a ser *"benignos unos con otros,* misericordiosos, *perdonándoos unos a otros,* como Dios también os perdonó a vosotros en Cristo".

D. *En un contexto donde existen las actitudes y acciones descritas por Pablo, el resultado inevitable será una buena comunicación.*

1. No le es difícil a la esposa ser franca y sincera con un marido humilde, manso y paciente. No le resultará difícil a una mujer comunicarse libremente con su esposo si sabe que a él le tendrá paciencia y será comprensivo en lugar de condenarla y rebajarla.

2. Del mismo modo, la esposa que como norma utiliza sólo palabras buenas y de beneficio de acuerdo a la necesidad y la ocasión; la esposa que perdona con facilidad y gene-

rosamente procurando ser de ayuda para su esposo hace que a él le sea fácil abrirse y compartir su vida. En una atmósfera de comprensión, sin amenazas, el esposo no tiene necesidad de fingir, ponerse una máscara o engañar o encubrir sus temores, frustraciones, faltas y ansiedades. Sabe que es aceptado tal como es y por lo que es. Sabe que su esposa es para él y que le ayudará en lugar de juzgar o condenarle.

E. *Decir que una buena comunicación requiere un espíritu comprensivo y paciente no significa que los esposos deban pasar por alto el error o la maldad.*

   1. Las Escrituras nos advierten sobre términos medios y reprenden a aquellos que llaman bueno a lo malo.

     a. Habrá ocasiones cuando el esposo no estará de acuerdo con su mujer y tendrá que señalarle su error o pecado (Ef. 5.25-27).

     b. Habrá ocasiones cuando la esposa actuará de la misma forma con su marido. Safira se equivocó al acompañar a Ananías en su malvado plan. Ella debió amonestarle en amor y rehusar cooperar en el pecado (Hch. 5.1-11).

   2. Por cierto que Pablo no nos está diciendo que pasemos por alto el pecado o seamos partícipes del mismo cuando nos insta a ser tolerantes y pacientes unos con otros. Más bien está alentando una actitud de total entrega, lealtad, fidelidad, sensibilidad, y generosidad mutua. Lo que él quiere es un amor por la otra persona que "todo lo sufre, todo lo cree, todo lo espera, todo lo soporta"; un amor que no se puede apagar; un amor que verdaderamente piensa en el bien del otro.

IV. *De todos los principios involucrados en una comunicación efectiva el más importante es saber escuchar.*

A. *Una buena comunicación es una calle de dos vías que involucra conversación libre y abierta y el escuchar con atención y cuidado.* Implica tanto el envío como la recepción de un mensaje. Sin ambos es imposible una buena comunicación.

   1. ¿Alguna vez ha tenido la experiencia de hablar con alguien y tener la impresión de que no le está escuchando? Mientras usted habla sus ojos miran a todas partes o bosteza o le mira con la vista perdida.

     a. Esa clase de cosas no estimulan una buena comunicación.

     b. Al contrario uno piensa que lo que está diciendo no es interesante o importante, pierde el deseo de hablar con tal persona, o peor aún, pierde confianza en sí mismo en cuanto a su capacidad para conversar. Podemos estar seguros que no saber escuchar impide una comunicación efectiva.

  2. Por otra parte, saber escuchar estimula la comunicación efectiva.

     a. Pregúntele a cualquier predicador qué le ocurre cuando la gente recibe con alegría la Palabra que está predicando.

     b. Observe lo que ocurre cuando una madre le da toda su atención a lo que su hijo le tiene que decir.

     c. Las Escrituras dicen: "Las intenciones secretas son como aguas profundas pero el que es inteligente sabe descubrirlas" (Pr. 20.5, DHH). Por distintas oportunidades y experiencias toda persona tiene alguna percepción y sabiduría para compartir pero algunos parecen tener dificultad en compartirlas. Tienen agua pero parece estar tan profundamente dentro de ellos que es inalcanzable. ¿Cómo se ceba la bomba de agua? Jamás sacará agua mientras persista en hablar de usted mismo, de sus ideas, sus planes, sus actividades, sus pensamientos. Lo conseguirá cuando esté dispuesto a dejar de hablar y a escuchar verdaderamente. Quizá tenga que cebar la bomba preguntando acerca de cosas en que estén interesados o conozcan bien pero si lo hace comprobando que realmente le interesa lo que ellos tengan que decir, muchas personas calladas repentinamente se transformarán en grandes conversadores. El escuchar bien es para la comunicación lo que el imán para el hierro, o el sifón para un tanque de gas. Tiene el poder de sacar; el poder de atracción y logra que la conversación fluya.

B. *Para que comprenda más cabalmente el proceso de la comunicación deseo compartir varios factores en relación con escuchar bien.*

  1. *El saber escuchar involucra dejar que la otra persona hable sin interrupciones.*

     a. Proverbios 18.13 dice que "al que responde palabra antes de oír, le es fatuidad y oprobio".

     b. De acuerdo con esta norma muchos esposos son fatuos

y debieran estar avergonzados porque constantemente se interrumpen unos a otros cuando están hablando. Una mujer comienza a relatar una historia. Dice: "La semana pasada íbamos por la ruta 22 y . . . ." "No, querida, no era la ruta 22. Era la 24." "Oh sí, tienes razón. Bueno, íbamos por la ruta 24 a 90 kilómetros por hora . . . ." "Siento interrumpirte otra vez", dice el esposo, "pero no íbamos a 90 kilómetros por hora. Íbamos a 94 kilómetros por hora. Recuerdo perfectamente que miré el velocímetro y marcaba 94 kilómetros por hora". Bueno, la esposa hace varios intentos más y se le interrumpe repetidamente. Finalmente, se da por vencida y dice: "Cuenta tú la historia".

c. Por supuesto que esta es una ilustración exagerada pero es lo que ocurre a menudo en conversaciones cuando se interrumpe para corregir o agregar o enfatizar lo que se ha dicho. Sin lugar a dudas, cuando ocurre con frecuencia, la comunicación efectiva se paraliza.

2. *Saber escuchar implica darle al que habla toda nuestra atención* (Pr. 18.13; Stg. 1.19).

a. Siempre que sea posible debe dejar lo que está haciendo y concentrarse en lo que la otra persona está diciendo. Si está arreglando su automóvil deje su trabajo y déle a su esposa toda su atención. Si está lavando la vajilla deje de hacerlo y concéntrese en lo que le está diciendo su marido. A veces no será factible pero siempre que pueda hágalo. Si no puede hacer una pausa de inmediato explique que momentáneamente no puede dejar lo que está haciendo pero que lo dejará en cuanto pueda. Comunique la impresión de que su relación mutua es más importante que cualquier otra persona o cosa.

b. Otro aspecto relacionado con darle al otro nuestra completa atención es no ceder a la tentación de desconcentrarnos y no escuchar, ya sea porque no queremos oír lo que está diciendo o porque estamos pensando en la buena respuesta que le daremos. Quizá procuremos dar la impresión de que estamos interesados en lo que la otra persona está diciendo cuando en realidad no es así. Lo que realmente nos interesa es cómo nos defenderemos, o cómo demostraremos nuestra sabiduría, o diremos un buen chiste, o corregiremos al otro. Si hace esto frecuentemente con su pareja ella lo percibirá, y el mensaje que recibirá será: "En realidad no le interesan mis ideas. No tiene ningún interés en lo que tengo que decir".

3. *Saber escuchar implica asegurarnos que realmente comprendemos lo que el otro está diciendo o pensando.*

   a. En su libro *Discovering the Intimate Marriage* (Descubriendo la intimidad del matrimonio), R.C. Sproul cuenta de una ocasión cuando después de una conferencia dirigió un debate sobre la misma. Una persona le preguntó sobre una palabra que él había utilizado. El dijo que no recordaba haberla dicho. Otra persona expresó que había utilizado una palabra totalmente diferente. De inmediato el grupo se dividió: algunos afirmaban que había dicho una palabra, otros que había utilizado la otra. Para salir de la duda se hizo escuchar la grabación de la conferencia. Ante la sorpresa de todos quedó comprobado que no había utilizado ninguna de las dos palabras (pp. 15, 16).

   b. Ambos grupos creían saber lo que había dicho. Ambos pensaban que le habían comprendido, pero todos estaban equivocados. Sin duda que esta ilustración señala la importancia de asegurarnos que realmente oímos lo que la otra persona está diciendo y comprendemos lo que quiere decir. Lo importante no es lo que nosotros pensamos que dijo o quiso dar a entender sino lo que de hecho dijo y quiso dar a entender.

   c. A menudo la gente escuchaba las palabras de Jesús y las interpretaba de un modo diferente de lo que El realmente dijo (cp. Jn. 2.19; 6.51; Mr. 8.15, 16). Jesucristo fue el mejor y más claro comunicador de la historia, y sin embargo los hombres no lo comprendieron e interpretaron mal sus palabras.

   d. Que esto nos sirva de advertencia cuando escuchamos a otros. A veces lo que nosotros creemos que están diciendo es muy diferente de lo que en realidad dicen. Para ser justos antes de darle el peor sentido posible a lo que alguien está diciendo debemos hacer algunas averiguaciones y preguntas. Quizá si no nos gusta lo que alguien ha dicho debiéramos suponer que lo hemos interpretado mal. Por ejemplo, si un marido le dice a su esposa: "Quiero que sepas que estoy orando por ti'" ella no debiera pensar: "Qué estoy haciendo mal ahora. Nunca está satisfecho. Siempre está tratando de cambiarme". En cambio debiera suponer: "En verdad se preocupa por mí. Conoce mis pruebas y mis temores y quiere que Dios me fortalezca. Sí que me ama de verdad." O bien si una esposa le dice a su marido: "Pensé que nunca ibas a llegar", él estaría equivocado si pensara: "Otra vez se está quejando. Nada de lo que hago está bien. Quiere organizar mi vida." En cambio, a menos que pueda comprobar lo contrario debe suponer que ella quiso decir: "En verdad te extrañé. Te amo tanto que me impaciento esperando que regreses."

e. *Inherente a toda la dinámica de la comunicación y en particular del saber escuchar es la necesidad de procurar ver las cosas desde la óptica de la otra persona.* Ver las cosas desde la perspectiva del otro puede requerir la necesidad de que repita lo que ha dicho hasta que esté satisfecho de que uno le ha comprendido. O bien puede ser necesario pedirle amablemente que lo diga de otra manera o lo amplíe hasta que uno está seguro de haberle entendido.

V. Conclusión.

A. Como ya se ha dicho una comunicación efectiva implica el saber escuchar además de saber hablar bien. No se puede tener una sin la otra. Que Dios nos ayude a aplicar estos principios para que lleguemos a ser mejores comunicadores.

B. Recuerden que el propósito de Dios para el matrimonio involucra dos personas que llegan a ser una sola carne (Gn. 2.24). Dios quiere que los esposos sean total y completamente una sola cosa. Quiere que tengan una vida compartida.

1. Esta es entonces la meta a que debemos aspirar. Es una meta que por el poder del Espíritu Santo puede en alguna medida concretarse aquí y ahora siempre que:

a. Los dos se hayan arrepentido de sus pecados y están confiando en Jesucristo.

b. Los dos hayan aceptado la voluntad revelada de Dios acerca de sus respectivos roles y estén procurando cumplirlos.

c. Los dos estén procurando desarrollar y mantener un sistema de comunicación cada vez más amplio y profundo.

2. Les recomiendo, entonces, que repasen el material sobre la comunicación, tomado nota de sus debilidades.
   a. Pídanle a Dios que les ayude a hacer los cambios necesarios y confíen que El lo hará.
   b. Comiencen seriamente a implementar y a aplicar los principios bíblicos enunciados en este manual (Fil. 2.12, 13).
3. En la relación matrimonial la comunicación puede calificarse de supervivencia. No es optativo sino vital. Es el flujo de vida, el nervio, el latido del corazón. Cuando falta esto la relación matrimonial se deteriora y muere. En los casos donde es fuerte la relación matrimonial prospera y los dos llegan a ser uno.

Doce sugerencias prácticas para desarrollar y mantener una buena comunicación en el matrimonio

1. Cuando hay problemas cada uno debe estar dispuesto a admitir que él/ella es parte del problema (Gn. 8.8-19; Pr. 20.6).
2. Cada uno debe estar dispuesto a cambiar (Jn. 5.6; Mt. 5.23-26).
3. Eviten el uso de palabras cargadas emocionalmente: "En realidad no me amas", "*Siempre* haces . . .", "*Nunca* haces algo bien", "*No* me importa".
4. Hágase responsable por sus propias emociones, palabras, acciones y reacciones. No le eche la culpa a la otra persona. Usted se enojó, usted le atacó al otro, usted se deprimió, etc. (Gá. 6.5; Stg. 1.13-15).
5. Eviten volver a discusiones pasadas (Ef. 4.26).
6. Ocúpense de un problema a la vez. Resuelvan un problema y luego encaren el próximo (Mt. 6.34).
7. Ocúpense del presente y no del pasado. Coloquen un cartel que diga PROHIBIDO PESCAR sobre el pasado a no ser que les ayude a resolver problemas del presente (Fil. 3.12-14; Jer. 31.34; Is. 43.25).
8. Enfatiquen lo positivo y no lo negativo (Fil. 4.8).
9. Aprendan a comunicarse con formas no verbales (Mt. 8.1, 2, 14, 15; Sal. 32.8).
10. Exprésense sus pensamientos y preocupaciones y cuéntense sus actividades. Escuchen, comprendan y respondan al sentido

detrás de lo que se está diciendo. Cuando alguien sale de sus casillas posiblemente lo que realmente está diciendo es: "Tuve un día terrible en el trabajo. Nadie me respeta." Cuando dice: "No me amas" es posible que lo que realmente esté diciendo sea: "Necesito desesperadamente que me muestres afecto. Estoy falto de amor." (Véase el ejemplo de Jesús en Jn. 1.45-47; Mr. 5.1-15; Jn. 11.20-35).

11. Practiquen la regla de oro de Mateo 7.12. ¿Qué desea que le haga su cónyuge? ¿Desea que su cónyuge le diga la verdad? ¿Que le pregunte su opinión? ¿Que le ayude en tiempo de necesidad, que se comporte en forma natural, que le agradezca su ayuda o servicio? Pues, entonces, haga usted eso mismo por su cónyuge.

12. Practiquen el principio contenido en Lucas 6.35: "Haced bien, y prestad, no esperando de ello nada".

Lectura adicional correspondiente al Capítulo 4

Vida cristiana en el hogar, Jay Adams, capítulo 3.
Comunicación: Clave de la felicidad conyugal, H. Norman Wright, capítulos 4 a 9 (CLIE).

Preguntas para estudiar y promover al diálogo, correspondientes al Capítulo 4

Logrando unidad mediante una comunicación efectiva

Debe ser completado por los esposos en conjunto

Es una hoja de trabajo que tiene como propósito ayudarles a evaluar su nivel actual como comunicadores y descubrir cómo mejorarlo.

A. Consideren y dialoguen sobre lo que ocurre cuando no se comunica en forma efectiva.

1. Hay cosas que no se aclaran (Pr. 18.17).

2. No se corrigen ideas erróneas.

3. Quedan sin resolver conflictos y malentendidos (Mt. 5.23-26).

4. El resultado es confusión y desorden (1 Co. 14.33-40).

5. Impide que se tomen decisiones (Pr. 18.13).

6. Se dificulta el desarrollo de una unidad e intimidad profunda (Am. 3.3).

7. Surgen el aburrimiento, el descontento y la frustración.

8. Los problemas interpersonales se acumulan y las barreras aumentan.

9. Surge la tentación de buscar a alguien más novedoso y apasionante.

10. No nos llegamos a conocer verdaderamente.

11. No recibimos ayuda espiritual mutua.

B. Consideren e intercambien opiniones sobre varios métodos de comunicación. La verbal es sólo un aspecto de la comunicación.

1. Visualmente (guinando, cerrando los ojos, etc.).

2. Verbalmente (con voz áspera, suave, etc., por lo que se dice o lo que no se dice y la forma en que se dice).

3. Mediante notas o cartas.

4. Por medio de sonrisas o frunciendo el cejo (expresiones faciales).

5. Con el cuerpo (manos, pies, etc.).

6. Por su presencia o ausencia.

7. Por un toque, una palmada o un abrazo.

8. Por ayudar.

9. Por medio de un obsequio.

10. Utilizando sus talentos o dones.

11. Mediante el deseo o no de compartir.

12. Por escuchar o no.

C. Intercambien opiniones sobre diferentes niveles de comunicación; sobre cómo se han comunicado en estos niveles o cómo podrían hacerlo. Den por lo menos un ejemplo, si pueden, de cómo los dos se han comunicado en cada uno de estos niveles. Marquen con un círculo los niveles donde encontraron las mayores dificultades para comunicarse.

1. A nivel de frases hechas.

2. Por conversación casual.

3. Al compartir información o hechos.

4. Al apoyar, estimular o motivar.

5. Por compartir ideas, opiniones, sentimientos, emociones o juicios.

6. Al planificar o tomar decisiones.

7. Al corregir, instruir, reprobar o desafiar.

8. A nivel de desacuerdos o controversias.

D. Intercambien opiniones acerca de lo que ha interferido en su comunicación en el pasado. Piensen en asuntos o instancias en que no se han comunicado bien y analicen lo que ocurrió.

1. _____

2. _____

3. _____

4. _____

5. _____

6. _____

7. _____

8. _____

9. _____

10. _____

E. Hagan una lista de los conflictos o desacuerdos no resueltos. Comiencen a trabajar para solucionarlos uno por uno. Oren

juntos acerca de estos problemas. Busquen soluciones bíblicas.

1. _____

2. _____

3. _____

4. _____

5. _____

6. _____

7. _____

8. _____

9. _____

10. _____

F. Que cada uno exprese cómo o qué desearía que la otra persona
    le diga. Hagan una lista.

1. _____

2. _____

3. _____

4. _____

5. _____

G. Comuníquese todos los días con su cónyuge. ¿Cuándo? Que
    esto tenga prioridad.

H. Hagan lista de cosas que contribuyen a una buena comunica-
    ción. Busquen los siguientes versículos:

1. Efesios 4.15, 25 _____

2. Efesios 4.29 _____

3. Efesios 4.26, 27 _____

4. Efesios 4.32 _____

5. Salmo 141.3 _____

6. Isaías 50.4 _____

7. Eclesiastés 12.10 _____

8. Proverbios 12.25 _____

9. Proverbios 15.2 _____

10. Proverbios 15.28 _____

11. Proverbios 15.1 _____

12. Proverbios 15.23 _____

13. Proverbios 17.14 _____

14. Proverbios 18.23 _____

15. Proverbios 20.5 _____

16. Proverbios 20.15 _____

17. Proverbios 25.9 _____

18. Proverbios 25.11, 12 _____

19. Proverbios 25.15 _____

20. Proverbios 29.11 _____

21. Proverbios 31.26 _____

22. Gálatas 5.13 _____

23. Romanos 13.7, 8 _____

24. Proverbios 5.18, 19 _____

25. Efesios 5.33 y 1 Pedro 3.1-7 _____

I. Hagan una lista de cosas que impiden una buena comunicación.

1. Efesios 4.25 _____

2. Efesios 4.29 _____

3. Efesios 4.31 _____

4. Colosenses 3.8 _____

5. Colosenses 3.9 _____

6. Proverbios 11.12 _____

7. Proverbios 11.13 _____

8. Proverbios 12.16 _____

9. Proverbios 12.18 _____

10. Proverbios 15.1 _____

11. Proverbios 15.5 _____

12. Proverbios 16.27 _____

13. Proverbios 17.9 _____

14. Proverbios 18.2 _____

15. Proverbios 18.6 _____

16. Proverbios 18.8 _____

17. Proverbios 18.13 _____

18. Proverbios 18.17 _____

19. Proverbios 18.23 _____

20. Proverbios 19.1 _____

21. Proverbios 19.5 _____

22. Proverbios 20.25 _____

23. Proverbios 20.19 _____

24. Proverbios 25.24 _____

25. Proverbios 26.18, 19 _____

26. Proverbios 26.20, 21 _____

27. Proverbios 26.22 _____

28. Proverbios 27.2 _____

29. Proverbios 29.20 _____

J. Examine su efectividad al comunicarse.

1. Piense en lo que ha descubierto acerca de las barreras que impiden una buena comunicación y anote cuáles deben ser eliminadas. (Pídale a su cónyuge que le/la evalúe a usted en forma honesta.)

    a. _____
    b. _____
    c. _____
    d. _____
    e. _____
    f. _____
    g. _____
    h. _____

2. ¿Qué ayudas deben ser añadidas o reforzadas? (Pídale a su cónyuge que haga una evaluación honesta de usted.)

    a. _____
    b. _____
    c. _____
    d. _____

e. _____

f. _____

g. _____

h. _____

K. Anote las veces que ha expresado interés y aprecio por las ideas, deseos, intereses, sentimientos y acciones de su cónyuge esta semana. Decida hacer esto frecuentemente.

1. _____

2. _____

3. _____

4. _____

5. _____

6. _____

7. _____

8. _____

L. Anote varias ocasiones cuando haya admitido a su cónyuge que estaba equivocado/a y que le pidió perdón. Describa las circunstancias. Esto promoverá una buena comunicación.

1. _____

2. _____

3. _____

4. _____

M. Descubra y anote las siguientes cosas acerca de su cónyuge. Háblele acerca de ellas e interésese por las cosas que le interesan a él o ella.

1. Sus principales intereses.

2. Sus principales temores.

3. Las cosas que más le gustan.

    4. Las cosas que más le disgustan.

    5. Sus mayores aspiraciones.

    6. Sus mayores desilusiones.

    7. Sus más grandes alegrías.

N. Haga una lista de las veces que ha criticado a su cónyuge esta semana e indique qué fue, cómo y cuándo. Evite toda crítica innecesaria.

    1. _____

    2. _____

    3. _____

    4. _____

    5. _____

O. Anote las cosas que usted puede hacer para complacer a su cónyuge (Fil. 2.3, 4). Ponga en práctica esta lista. Hay muchas formas de decir: "Te quiero. Te amo." Aprenda a decirlas. Esto facilitará una buena comunicación.

    1. _____

    2. _____

    3. _____

    4. _____

    5. _____

    6. _____

    7. _____

    8. _____

    9. _____

    10. _____

P. Haga una lista de cosas entretenidas que puede hacer con su cónyuge y comience a ponerlas en práctica. Acumule un banco de memoria de las cosas en común y de las experiencias entretenidas. Se convertirán en la base para una buena comunicación.

    1. _____

2. _____

3. _____

4. _____

5. _____

6. _____

7. _____

8. _____

9. _____

10. _____

Q. Evalúe el cociente de comunicación de su matrimonio. En una escala de 1 a 10, ¿cómo calificaría la comunicación con su cónyuge?

0 1 2 3 4 5 6 7 8 9 10

| Muy | Promedio | Excelente |
| Pobre | Mediano | |

¿La comunicación con su cónyuge está mejorando, decreciendo o se mantiene igual? Dibuje un círculo alrededor de la flecha que indica la dirección en que va su comunicación matrimonial.

<————————   <————————>   ————————>

| Decreciendo | Se mantiene | Mejorando |
| | igual | |

Hagan una evaluación franca y honesta de lo que está ocurriendo en este sentido y luego comiencen a actuar porque en muchos sentidos una buena comunicación es la clave para un buen matrimonio. Recuerden que hasta que lleguemos al cielo habrá lugar para perfeccionarlo.

Preguntas para estudiar y promover
al diálogo, correspondientes al Capítulo 4

Cómo desarrollar y mantener la unidad
en el matrimonio mediante el control
del enojo, la amargura y el resentimiento

Debe ser completado por los esposos en conjunto

A. Describan las tres últimas ocasiones en que se enojaron.

1. _____

_____

2. _____

_____

3. _____

_____

B. Descubran y anoten lo que los siguientes versículos enseñan acerca de formas *equivocadas* de manejar la ira:

1. Efesios 4.26, 27: Rehúse admitir que está enojado/a, no mencione el tema, y haga de cuenta que no pasa nada. Adopte como norma esta forma de manejar el enojo.

2. Proverbios 17.14: Cuando se enoje, póngase a pelear cuanto antes. Sea lo más desagradable que pueda.

3. Proverbios 29.11, 20 _____

_____

4. Mateo 5.21, 22 _____

_____

5. Efesios 4.31 _____

_____

6. Proverbios 26.21 _____

_____

7. Proverbios 15.1 _____

_____

8. Colosenses 3.8 _____

_____

9. Romanos 12.17, 19 _____

_____

10. 1 Pedro 3.9 _____

_____

11. 1 Corintios 13.5 _____

_____

12. Filipenses 4.8 _____

_____

C. Descubran y anoten lo que los siguientes versículos enseñan acerca de la forma *correcta* de manejar el enojo.

1. Romanos 12.19-21: Jamás tome venganza; deje que Dios castigue; y procure ayudar a su enemigo en formas específicas.

2. Efesios 4.26: Admita que está enojado, y procure resolver el problema de inmediato. No permita que se acumulen problemas no resueltos.

3. Efesios 4.29 _____

_____

4. Efesios 4.32 _____

_____

5. Mateo 5.43, 44 _____

_____

6. Proverbios 19.11 _____

_____

7. Proverbios 15.1 _____

_____

8. Proverbios 15.28 _____

_____

9. Proverbios 16.32 _____

_____

10. Proverbios 25.28 _____

_____

11. Proverbios 14.29 _____

_____

12. Proverbios 29.11 _____

_____

13. Salmo 37.1-11 _____

_____

14. 1 Pedro 3.9 _____

_____

15. Gálatas 5.16-23 _____

_____

16. Romanos 8.28, 29 _____

_____

17. Mateo 5.1-12; 1 Tesalonicenses 5.18 _____

_____

18. Efesios 5.20 _____

_____

19. 1 Corintios 10.13 _____

_____

20. Génesis 50.20 _____

_____

21. Santiago 4.6 _____

_____

22. 1 Corintios 6.19, 20 _____

_____

23. Mateo 8.21-35 _____

_____

D. Examine su vida a la luz de Mateo 5.1-12; Gálatas 5.22, 23 y 2
    Pedro 1.5-8 y haga una lista de las cualidades mencionadas en
    estos pasajes que más faltan en su vida. Pídale a su esposo/a
    que la evalúe.

    1. _____

    2. _____

    3. _____

    4. _____

    5. _____

    6. _____

    7. _____

    8. _____

    9. _____

    10. _____

    11. _____

    12. _____

E. Intercambien ideas sobre cómo Dios puede utilizar sus irritacio-
    nes y enojos actuales para revelar la falta de las cualidades
    anteriores y cómo pueden desarrollarlas.

F. Considere y anote algunos de los beneficios que sus problemas
    o irritaciones le pueden traer.

    1. Isaías 43.1-3: Comunión y compañerismo con Dios.

    2. 1 Corintios 11.31, 32: Estimula el auto-examen.

    3. Salmo 119.71: Nueva comprensión de las Escrituras.

    4. Romanos 5.2-25 _____

    5. 2 Corintios 1.3-6 _____

    6. Hebreos 12.5-11 _____

7. 2 Corintios 12.7-10 _____

8. Mateo 5.10-12 _____

9. 1 Pedro 4.12-16 _____

10. Salmo 119.67 _____

11. Salmo 50.15 _____

12. Filipenses 3.10 _____

13. Santiago 1.2-5 _____

14. 1 Pedro 1.7 _____

G. De la siguiente lista, ¿cuáles considera que son "sus" derechos?

1. El derecho de tener y controlar sus pertenencias _____

2. El derecho a la privacidad _____

3. El derecho de tener y expresar opiniones personales _____

4. El derecho de ganar y utilizar dinero _____

5. El derecho de planificar su propio horario _____

6. El derecho a ser respetado/a _____

7. El derecho de tener y escoger amigos/as _____

8. El derecho de pertenecer, de amar y de ser aceptado/a ___

9. El derecho de comprender _____

10. El derecho de ser apoyado/a _____

11. El derecho de tomar sus propias decisiones _____

12. El derecho de decidir su propio futuro _____

13. El derecho de tener buena salud _____

14. El derecho de tener hijos _____

15. El derecho de ser considerado/a de valor e importante ___

16. El derecho de ser protegido/a y cuidado/a _____

17. El derecho de tener el trabajo que desea _____

18. El derecho a una buena educación _____

19. El derecho a ser apreciado/a _____

20. El derecho de viajar _____

21. El derecho de divertirse _____

22. El derecho a ser una persona querida por todos _____

23. El derecho a ser tratado con justicia _____

24. El derecho a ser deseado/a _____

25. El derecho de educar a sus hijos a su manera _____

26. El derecho a la seguridad _____

27. El derecho de cumplir sus deseos y aspiraciones _____

28. El derecho a tener éxito _____

29. El derecho a que otros le obedezcan _____

30. El derecho a salir con la suya, a hacer lo que le plazca ___

31. El derecho a estar libre de dificultades y problemas _____

32. Otros _____

H. De los "derechos" anteriores ¿cuáles le son negados por su cónyuge?

1. _____

2. _____

3. _____

4. _____

5. _____

6. _____

7. _____

8. _____

9. _____

10. _____

I. Reconozca conscientemente que si es cristiano, usted y todo lo que posee y es (incluyendo sus derechos), pertenecen a Dios (1 Co. 6.19, 20; Ro. 12.1; Sal. 24.1). Admita esto y dedique todo lo que tiene y todo lo que es, incluyendo sus "derechos", a

Dios. Confíe en que El cuidará de lo suyo. Deje de pensar en términos de sus "derechos" y concéntrese en la voluntad de Dios, en los propósitos y promesas de El.

J. Cuando esté tentado/a a enojarse pecando, *formúlese las siguientes preguntas y anote las respuestas:*

1. ¿Qué está ocurriendo?

2. ¿Qué cualidades está procurando desarrollar Dios en esta situación? (Agradézcale por los beneficios y oportunidades que esta situación le provee, y pídale su ayuda.)

3. ¿Qué derechos personales cree que se le está negando? (Entréguese a sí mismo y a sus "derechos" a Dios.)

4. ¿Qué puede haber hecho usted para provocar esta situación? (Confiese a Dios y a las personas afectadas por sus actitudes, acciones o palabras erradas y pida perdón.)

5. ¿Qué desea Dios que usted haga y cómo quiere El que actúe usted en esta situación? (Busque en las Escrituras especialmente los pasajes mencionados en los puntos C, D, E, y G. Pídale a Dios que le ayude a hacer lo que sabe es su deber; confíe en que El le ayudará y obedézcale.)

6. ¿Qué es lo que le impide hacer lo correcto cuando es tentado y se enoja pecando? (¿Es su ignorancia? ¿Su falta de deseo? ¿Temor?, etc. Pídale a su pastor o a un consejero cristiano que le ayude si no sabe qué hacer.)

CAPÍTULO 5

Logrando unidad mediante el acuerdo sobre finanzas

Las diferencias de opinión que se tienen con respecto al dinero, impiden con frecuencia una unidad profunda. En este capítulo se presentan los principios bíblicos en cuanto a las finanzas y se dan sugerencias prácticas para su implementación. Se incluyen, por otra parte, lecturas adicionales, preguntas para estudiar y planes de acción. A medida que los esposos estudian y aplican el contenido de este capítulo, podrán superar sus desacuerdos sobre finanzas logrando una mayor unidad.

A. Génesis 2.24 indica que el propósito de Dios para el matrimonio es que dos personas lleguen a ser uno.

1. En términos bíblicos el *matrimonio es la entrega total y el compartir todo su ser con otra persona hasta la muerte.*

2. Sin duda que el *dinero está incluido en ese compartir todo en el matrimonio.* En cuanto a nuestra posesión del dinero, nuestra actitud hacia el mismo, y el uso que le damos, mi esposa y yo debemos ser una carne.

3. Decir que mi esposa y yo debemos ser una carne en lo que se refiere a las finanzas es muy sencillo, pero lograrlo puede resultar muy difícil.

B. En el transcurso de mi experiencia como pastor-consejero, he descubierto que el *tema de las finanzas puede ser una de las fuerzas que más división causan en el matrimonio.*

1. El esposo piensa que el dinero es muy importante, mientras que ella no opina lo mismo.

2. Ella piensa que deben ahorrar todo lo posible con el propósito de poder suplir necesidades y emergencias en el futuro. El considera que deben gastar el dinero tan pronto lo reciben y confiar en que el Señor proveerá para el futuro.

3. El elige un empleo teniendo como consideración principal el monto del sueldo y otros beneficios económicos. Ella cree, en cambio, que deben considerarse como decisivos otros factores, tales como lugar, entorno, cercanía a los padres, una iglesia sana, sus amigos y una escuela cristiana para los hijos.

4. El piensa que deben dar generosamente a la iglesia, a los necesitados, a sus padres y a los hijos. Ella considera que está bien el hecho de dar, pero que debe hacerse con cuidado y moderación, teniendo siempre en cuenta las necesidades presentes y las emergencias futuras.

5. El tiene la tendencia de gastar el dinero libremente cuando se trata de entretenimientos, recreación y vacaciones. Ella es mucho más precavida y moderada, y sostiene que si uno gusta del ejercicio o de la diversión los puede obtener cortando el césped o trabajando en el jardín, o haciendo otra cosa que no implique realizar gastos.

6. El quiere trabajar todo lo que le sea posible. Se alegra si tiene la oportunidad de trabajar horas adicionales u obtener un segundo empleo. Después de todo, el trabajo significa dinero, y las necesidades económicas de su familia son grandes. Ella, en cambio, quiere que él dedique más tiempo al hogar y a la familia, o para hacer trabajos de mantenimiento que son necesarios. Ella considera que las buenas relaciones en la familia requieren dedicación de tiempo. Estima también que lo que él sacrifica por trabajar horas extras o tener un segundo empleo, es demasiado valioso para ser dejado de lado. Al fin de cuentas, el dinero no es todo y hay cosas que el dinero no puede comprar.

7. Con respecto a las prioridades económicas él tiene una idea y ella otra. El está convencido que necesitan cambiar el automóvil de inmediato. Para él esta es la prioridad número uno. Por su parte ella está convencida de que no necesitan cambiar el automóvil pues el que tienen anda muy bien. Lo que sí necesitan, según ella, es cambiar los muebles del comedor o living pues los que están usando tienen por lo menos diez años. Cualquiera se dará cuenta que necesitan ser reemplazados. ¡Imagínese lo que debe pensar la gente cuando llegan a la casa y ven los muebles gastados!

C. Podríamos seguir describiendo áreas de conflictos potenciales en relación con las finanzas.

1. Sin embargo, estos ejemplos bastan para ilustrar el hecho de que el área de las finanzas puede ser de gran conflicto, especialmente si la pareja no tiene abundancia de dinero.

2. *Es poco probable que una pareja no tenga conflictos en cuanto a las finanzas,* en primer lugar, porque ambos son pecadores y por lo tanto inclinados a ser egoístas, y en segundo lugar porque han sido criados en hogares diferentes y consciente o inconscientemente han absorbido de sus padres actitudes e ideas distintas acerca del dinero. Durante años sus padres les han estado enseñando, formal o informalmente, acerca de las finanzas. Quizá no aceptaron todo lo que sus padres les enseñaron pero les guste o no, fueron influídos por ellos. Si los sistemas de valores de sus respectivos padres eran similares, sus conflictos en lo económico pueden ser mínimos. En cambio, si los sistemas de valores eran muy diferentes, lograr la unidad en esta área requerirá mucha oración, estudio y trabajo. En verdad, la pareja puede descubrir que el área de las finanzas es la que les presenta mayores obstáculos para lograr la unidad. Posiblemente descubran que es aquí donde se presentan los mayores conflictos.

3. La pregunta ¿cómo ha de lograr una pareja la unidad en esta área de las finanzas?, no tiene una respuesta académica, ni teórica. Es algo muy práctico y vital. Debe enfrentarse. Es necesario resolverlo.

I. Sin duda, el *fundamento de la unidad en las finanzas dentro del matrimonio es la aceptación por ambos de la filosofía bíblica acerca del dinero.* La pareja cristiana debe aceptar la filosofía bíblica acerca del dinero no sólo porque funciona o porque produce unidad, sino porque es lo que Dios desea. Sin embargo, encontrarán que cuando ambos asumen con seriedad la filosofía bíblica acerca del dinero, se beneficiarán también con una mayor unidad. Por lo general las personas tienen conflictos porque operan sobre la base de normas diferentes, o ideas o sistemas de valores distintos. Decirles que deben ser unidos o hacerles sentir culpables de sus desacuerdos no producirá la unidad. Por regla general, la verdadera unidad se logrará cuando adopten una norma o sistema de valores comunes a los dos. En mi opinión, la mayoría de los conflictos económicos en el matrimonio son causados por una falta de comprensión o de sumisión a los principios bíblicos que gobiernan el uso del dinero. Creo que la mayoría de los conflictos de esta índole se resuelven cuando ambas aplican con decisión en sus vidas la filosofía bíblica acerca del dinero. Quiero compartir, entonces, algunos aspectos de la filosofía bíblica aceca del dinero.

A. *Dios es el que le da al hombre la habilidad de ganar dinero.* (Las frases que señalan los principios bíblicos que deseo enfatizar estan en itálicas).
   1. Deuteronomio 8.18: "Acuérdate de Jehová tu Dios, porque *él te da el poder para hacer las riquezas.*"
   2. 1 Crónicas 29.11,12: "Tuya es, oh Jehová, la magnificencia y el poder, la gloria, la victoria y el honor . . . *Las riquezas y la gloria proceden de ti,* y tú dominas sobre todo; en tu mano está la fuerza y el poder, y en tu mano el hacer grande y el dar poder a todos."
   3. Proverbios 10.22: "*La bendición de Jehová es la que enriquece*, y no añade tristeza con ella."
   4. 1 Corintios 4.7: "*¿Qué tienes que no hayas recibido?* Y si lo recibiste, por qué te glorías como si no lo hubieras recibido?"

B. *Todo lo que tenemos pertenece a Dios.*
   1. Salmo 24.1: "*De Jehová es la tierra y su plenitud*; el mundo, y los que en él habitan."
   2. 1 Crónicas 29.11, 14: "Todas las cosas que están en los cielos y en la tierra son tuyas. Tuyo, oh Jehová, es el reino, y tú eres excelso sobre todos. Pues todo es tuyo, y de lo recibido de tu mano te damos." (Notemos lo que implican los principios A y B acerca del uso del dinero. Somos mayordomos de todo lo que tenemos. Debemos utilizar nuestros recursos con oración y cuidadosamente, según los deseos de Dios y no los nuestros.)

C. *Hay muchas cosas de más valor que el oro.*
   1. Mateo 16.26: "¿Qué aprovechará al hombre si ganare todo el mundo, y perdiere *su alma*? ¿O qué recompensa dará el hombre por *su alma*?"
   2. Lucas 12.15: "*La vida del hombre* no consiste en la abundancia de los bienes que posee."
   3. Proverbios 15.16, 17: "Mejor es lo poco con el *temor de Jehová*, que el gran tesoro donde hay turbación. Mejor es la comida de legumbres *donde hay amor*, que de buey engordado donde hay odio."
   4. Proverbios 16.8: "Mejor es lo poco con *justicia* [rectitud

en cada área y relación humana y una correcta relación con Dios] que la muchedumbre de frutos sin derecho."

5. Proverbios 16.16: "Mejor es adquirir *sabiduría* [divina] que oro preciado; y adquirir *inteligencia* vale más que la plata."

6. Proverbios 22.1: "De más estima es el *buen nombre* que las muchas riquezas, y la *buena fama* más que la plata y el oro."

7. Jeremías 9.23, 24: "No se alabe . . . el rico . . . en sus riquezas. Mas alábese en esto el que se hubiere de alabar: *en entenderme y conocerme*, que yo soy Jehová, que hago misericordia, juicio y justicia en la tierra; porque estas cosas quiero, dice Jehová."

8. Lucas 12.20, 21: "Pero Dios le dijo: Necio, esta noche vienen a pedir tu alma; y lo que has provisto [posesiones materiales] ¿de quién será? Así es el que hace para sí tesoro, y no es *rico para con Dios*."

9. Mateo 6.19, 20: "No os hagáis tesoros en la tierra . . . sino haceos *tesoros en el cielo* donde ni la polilla ni el orín corrompen, y donde ladrones no minan ni hurtan."

10. 1 Timoteo 6.6, 9: "Gran ganancia es la *piedad* acompañada de *contentamiento*. Porque los que quieren enriquecerse caen en tentación y lazo, y en muchas codicias necias y dañosas, que hunden a los hombres en destrucción y perdición."

11. 1 Timoteo 6.17-19: "A los ricos de este siglo manda que no sean altivos, ni pongan la esperanza en las riquezas . . . que *hagan bien*, que sean ricos en *buenas obras, dadivosos, generosos*; atesorando para sí *buen fundamento para lo por venir*."

12. Filipenses 3.7-9: "Cuantas cosas eran para mí ganancia, las he estimado como pérdida por amor de Cristo. Y ciertamente, aun estimo todas las cosas como pérdida por la excelencia del *conocimiento de Cristo Jesús, mi Señor* [y de progresivamente llevar a conocerle más profundamente], por amor del cual lo he perdido todo, y lo tengo por basura, para ganar a *Cristo, y ser hallado en él*, no teniendo mi propia justicia, que es por la ley, sino la que es por la fe de *Cristo*."

13. Efesios 3.8: "A mí, que soy menos que el más pequeño de todos los santos, me fue dada esta gracia de *anunciar . . . las inescrutables riquezas de Cristo*."

14. Salmo 19.9, 10; 119.72: "*Los juicios de Jehová . . .*
deseables son más que el oro, y más que mucho oro
afinado. Mejor me es la *ley de tu boca* que millares de
[piezas de] oro y plata."
15. Proverbios 19.1: "Mejor es el pobre que camina en integridad, que el de perversos labios y fatuo."
16. Proverbios 31.10; 19.14: "*Mujer virtuosa* ¿quién la hallará? Porque su estima sobrepasa largamente a la de las
piedras preciosas . . . no carecerá de ganancias. La casa y
las riquezas son herencia de los padres; mas de Jehová la
mujer prudente."
17. Mateo 6.33; Colosenses 3.1, 2: "Buscad [tened como
meta, procurad lograr] primeramente el *reino de Dios y
su justicia* [su modo de ser y hacer el bien], y todas estas
cosas [las necesidades materiales] os serán añadidas. Buscad las *cosas de arriba*, donde está Cristo sentado a la
diestra de Dios. Poned la mira [fijad la mente] en las
cosas de arriba [las más elevadas], no en las de la tierra."
18. Salmo 127.3, 5: "*Herencia de Jehová son los hijos*; cosa
de estima el fruto del vientre. Bienaventurado el hombre
que llenó su aljaba de ellos." (Considere las implicancias
del hecho que las cosas mencionadas en estos versículos
tienen más valor que el oro. ¿Cómo afecta esto la forma
en que trabajamos, el empleo que tomamos, cómo utili-
zamos nuestro tiempo, etc.?)
D. *La codicia, la disconformidad, y la preocupación por cosas
materiales son pecados.*
1. Exodo 20.17: "*No codiciarás la casa de tu prójimo*, no
códiciarás la mujer de tu prójimo, ni su siervo, ni su
criada, ni su buey, ni su asno, ni cosa alguna de tu prójimo."
2. Colosenses 3.5: "Haced morir, pues, lo terrenal en vosotros: fornicación, impureza, . . . y *avaricia* [codicia], que
es idolatría [la deificación de uno mismo o de otras cosas
creadas, en lugar de Dios]."
3. Hebreos 13.5: "Sean vuestras costumbres sin avaricia,
contentos [conformes] con lo que tenéis . . . ."
4. Lucas 12.15: "Guardaos de toda *avaricia* [inmodesto deseo de riqueza, codicia, ansia desmedida de tener más]."
5. Mateo 6.25, 31, 34: "Os digo: *No os afanéis* [preocu-
péis] *por vuestra vida, qué habéis de comer o qué habéis*

de beber; ni por vuestro cuerpo, qué habéis de vestir. No os afanéis, pues, diciendo: ¿Qué comeremos, o qué beberemos, o qué vestiremos." "Así que, *no os afanéis por el día de mañana.*" (Considere las implicancias de estos versículos en lo que se refiere a mantener el status, ansiar cosas nuevas y más llamativas, comprar artefactos etc. que no son realmente necesarios.)

E. *Dios espera que utilicemos plenamente la fuerza y las capacidades que El nos ha dado en un trabajo duro y honesto.* Esta es la forma normal en que El suple todas nuestras necesidades. Generalmente Dios recompensa el trabajo duro con una cuota de prosperidad.

1. Exodo 20.9: "*Seis días trabajarás*, y harás toda tu obra."
2. Proverbios 13.11: "Las riquezas de vanidad [obtenidas por fraude, o injustamente, o por la producción de cosas vanas o perjudiciales] disminuirán; pero *el que recoge con mano laboriosa* [gradualmente] *las aumenta.*"
3. Proverbios 6.6, 9, 11: "Vé a la hormiga, *oh perezoso*, mira sus caminos, y sé sabio. *Perezoso*, ¿hasta cuándo has de dormir? ¿Cuándo te levantarás de tu sueño? Así vendrá tu necesidad como caminante, y tu pobreza como hombre armado."
4. Proverbios 10.4: "La mano negligente empobrece; mas *la mano de los diligentes enriquece.*"
5. Proverbios 14.23: "*En toda labor hay fruto*; mas las vanas palabras de labios empobrecen."
6. Proverbios 26.14: "Como la puerta gira sobre sus quicios, así *el perezoso* se vuelve en su cama [permanece en el mismo lugar]."
7. Efesios 4.28: "El que hurtaba, no hurte más, *sino trabaje, haciendo con sus manos lo que es bueno . . . .*"
8. Colosenses 3.23, 24: "Tolo lo que hagáis, hacedlo de corazón, como para el Señor y no para los hombres, sabiendo [con toda seguridad] que del Señor recibiréis la recompensa de la herencia, porque a Cristo el Señor servís."
9. 1 Tesalonicenses 4.11, 12: "*Ocupaos* [que sea vuestra ambición] trabajar con vuestras manos . . . a fin de que os conduzcáis honradamente . . . [no dependiendo de nadie] y no tengáis necesidad de nada."
10. Proverbios 28.22; 21.5; 28.20; 20.21: "Se apresura a ser rico el avaro, y no sabe que le ha de venir pobreza. Los

*pensamientos del diligente ciertamente tienden a la abun-
dancia;* mas todo el que se apresura alocadamente, de
cierto va a la pobreza. El *hombre de verdad* [fiel] *tendrá
muchas bendiciones*; mas el que se apresura a enriquecerse [por cualquier medio] no será sin culpa. Los bienes
que se adquieren de prisa [por medios injustos y avaros]
al principio, no serán al final bendecidos."

F. Esta serie de versículos bajo el número 10 apoya los principios sugeridos al comienzo de la sección D, es decir que
*Dios quiere que utilicemos nuestras fuerzas y capacidades
en trabajo duro y honesto, que esta es la forma normal en
que El suple nuestras necesidades y que por lo general El
recompensa el trabajo duro y honesto con alguna medida de
prosperidad.* Sin embargo, enseñan más que esto: también
contienen advertencias sobre los *peligros de enriquecimien-
to rápido por otros medios, por excesivas horas extras o un
segundo empleo cuando no es imprescindible.*

1. En esta época cuando el hombre procura enriquecerse
   rápidamente; cuando descuida su vida espiritual, su esposa y sus hijos, además de la iglesia, porque quiere
   ganar más dinero, estos versículos deben ser considera-
   dos con todo cuidado.

2. Muchos han ignorado las instrucciones contenidas en
   estos versículos y ahora sufren las consecuencias de separación de Dios, de sus esposas y de sus hijos.

3. Por cierto que el trabajo duro y honesto es un mandamiento de Dios. Pero si un hombre llega a estar tan
   absorbido con su trabajo que descuida *otros privilegios y
   responsabilidades dados por Dios, dice Proverbios que
   "no escapará del castigo".*

G. *Dar al Señor y a los necesitados es un privilegio y una
   inversión además de una responsabilidad.*

1. 2 Corintios 9.7: *"Cada uno dé* como propuso en su corazón: no contristeza, ni por necesidad, porque Dios ama
   al dador alegre [gozoso, dispuesto]. El que siembra escasamente, también segará escasamente; y el que siembra
   generosamente, *generosamente también segará"* (v. 6).

2. Lucas 6.38: *"Dad, y se os dará*; medida buena, apretada,
   remecida y rebosando darán en vuestro regazo . . . ."

3. Proverbios 14.21: "Peca el que menosprecia a su prójimo; mas *el que tiene misericordia de los pobres es bienaventurado."*

4. Proverbios 19.17: *"A Jehová presta el que da al pobre y el bien que ha hecho, se lo volverá apagar."*
5. Proverbios 22.9: *"El ojo misericordioso* [el generoso] *será bendito,* porque dio de su pan al indigente."
6. Efesios 4.28: "Trabaje, haciendo con sus manos lo que es bueno, para que tenga qué *compartir con el que padece necesidad."*
7. Gálatas 6.6: "El que es enseñado en la palabra, *haga partícipe de toda cosa buena al que lo instruye* [colaborando pasa su sostén]."

H. *Debemos planificar cómo ganaremos nuestro dinero y cómo lo gastaremos.*
1. Proverbios 20.18: *"Los pensamientos* [planes y propósitos] *con el consejo se ordenan; y con dirección sabia se hace la guerra."* Este versículo no se aplica específicamente a las finanzas pero establece la necesidad de planificar detalles importantes.
2. Proverbios 27.23, 24: *"Sé diligente en conocer el estado de tus ovejas, y mira con cuidado por tus rebaños; porque las riquezas no duran para siempre;* ¿y será la corona para perpetuas generaciones?" El principio de planificar, cuidar y vigilar cuidadosamente nuestros recursos, está muy claro en estos versículos.
3. Lucas 14.28 no se refiere en primera instancia a la planificación económica de las finanzas pero en este versículo *Jesús habla en términos favorables del hombre que planifica antes de comenzar a edificar.*
4. Lucas 16.9-11: "Ganad amigos por medio de las riquezas injustas [dinero, posesiones] . . . El que es fiel en lo muy poco, también en lo más es fiel . . . Pues si en las riquezas injustas no fuisteis fieles, ¿quién os confiará lo verdadero?" El contexto y el contenido de estos versículos nos alientan a usar sabiduría y discernimiento para ganar y gastar el dinero. Es cierto que debemos hacer planes con oración y buen juicio, recordando los principios bíblicos. Es cierto que debemos presentar nuestros planes al Señor y estar dispuestos a corregirlos según El en su soberanía los apruebe o no. En cuanto a nuestros planes constantemente debemos decir como Santiago: "Si el Señor quiere, viviremos y haremos esto o aquello" (Stg. 4.15). De otro modo, según Santiago, sería jactarnos en nuestras soberbias. "Toda jactancia semejante es

mala" (Stg. 4.16). Aunque tenemos que hacer nuestros
planes cuidadosamente y con oración y aun más, no afe-
rrarnos a ellos, las Escrituras nos alientan a hacerlos.

I. *Debemos vivir dentro de nuestros ingresos y no contraer*
   deudas que sean casi imposibles de pagar.
   1. Proverbios 6.1, 2, 3: *"Hijo mío, si salieres fiador por tu*
      amigo, si has empeñado tu palabra a un extraño, te has
      enlazado con las palabras de tu boca, y has quedado
      preso en los dichos de tus labios. Haz esto ahora, hijo
      mío, y líbrate. . . ."* A primera vista puede parecer que
      este pasaje significa que no debemos ayudar a otros pero
      no es así. Lo que advierten estos versículos es que no
      debemos ponemos en una posición tal en que quedemos
      obligados a pagar una deuda mayor de lo que nos sea
      posible. Las palabras "enlazado" y "preso" como tam-
      bién la urgencia del pasaje indican que la obligación que
      se está considerando es grande. Es un compromiso que
      puede llevar a la bancarrota o impedir que alguien cum-
      pla con sus otras obligaciones financieras hacia Dios, su
      esposa y su familia. De acuerdo con este pasaje no debe-
      mos tomar compromisos financieros en forma irrespon-
      sable, o contraer deudas que serían difíciles o aun
      imposibles de pagar.
   2. Proverbios 22.7: *"El rico se enseñorea de los pobres y el*
      que toma prestado es siervo del que presta." Otras Escri-
      turas indican que tomar prestadas algunas cosas es legíti-
      mo (cp. 2 R. 4.3; 2 R. 6.5; Ex. 22.14,15; Mt. 5.42; Mt.
      21.1-3). Estas Escrituras advierten sobre el tomar presta-
      do excesivamente, llegando a estar tan endeudado que
      uno pierde su libertad (económica y de otra índole). Mu-
      chos matrimonios han incurrido en tantas deudas por
      comprar cosas que en realidad no necesitaban o darse
      lujos que no podían permitirse que literalmente son es-
      clavos de sus acreedores. Esto está mal y debe evitarse.
   3. Romanos 13.7, 8: *"Pagad a todos lo que debéis: al que*
      tributo, tributo; al que impuesto, impuesto . . . No debáis
      a nadie nada . . ." En otras palabras no tomen compro-
      misos que no puedan pagar y abonen todas las cuentas
      que tengan.
      Estos son, pues, algunos aspectos de la filosofía bí-
      blica acerca de las finanzas. Forman la estructura dentro
      de la cual las decisiones financieras deben tomarse. Son

las normas por las cuales deben solucionarse las disputas y conflictos financieros. En mi opinión, la pareja que tome en serio estos principios y procure ponerlos en práctica con oración, estará dando un gran paso hacia la genuina unidad en la relación matrimonial.

II. *Otro gigantesco paso hacia la unidad financiera se da cuando la pareja pone en práctica y aplica los detalles de estos principios de un modo muy específico a su situación particular.* Las Escrituras dicen: "La fe si no tiene obras [hechos, acciones de obediencia para apoyarla] es muerta en sí misma [improductiva, inoperante, estéril, sin poder]" (Stg. 2.17). Del mismo modo, el conocimiento y aun el asentimiento mental de una filosofía bíblica acerca del dinero tendrá poco valor a menos que se apliquen los detalles específica y puntillosamente. La adhesión a la filosofía bíblica acerca del dinero es el fundamento del edificio y de primordial importancia para la unidad financiera. Sin un buen fundamento generalmente no se logra un buen edificio, pero el fundamento no constituye todo el edificio. Es sólo el comienzo y a menos que se construya la superestructura, el fundamento será de poca utilidad. Para implementar estos principios bíblicos acerca del dinero hago las siguientes sugerencias:

A. *Comience por determinar en forma realística sus ingresos.*

  1. Antes de decidir cuánto puede salir hay que saber cuánto entrará. No se puede gastar lo que no se tiene.

  2. Para determinar su ingreso haga una lista de todas sus ganancias del mes. Incluya su sueldo, intereses sobre ahorros, dividendos, lo que gana por trabajos secundarios, ingresos de otros miembros de la familia, etc. (Se incluye en la sección de estudio de este capítulo un formulario para elaborar un perfil financiero.)

B. Habiendo determinado cuál es su ingreso, puede ahora planificar sus egresos. (En la sección de estudio de este capítulo hay un formulario para este proyecto.)

  1. *Encabezando la lista debe haber una porción generosa para los ministerios de su iglesia.*

    a. Observe que no dije una porción generosa para el Señor porque considero que debemos utilizar todo nuestro dinero para el Señor. Esto es, debemos usar todo nuestro dinero de tal forma que merezca la aprobación de Dios. En ese sentido todo nuestro dinero debe darse al Señor. La mayordomía debe ser total y no parcial.

b. Sin embargo, las Escrituras indican con claridad que parte de nuestro dinero debe utilizarse para el sostén de los ministerios de la iglesia (cp. Hch. 6.4; 1 Co. 9.7-11, 13, 14; 1 Co. 15.57—16.2; Gá. 6.6-10; 1 Ti. 5.17, 18; Lc. 10.1-7).

c. Una buena mayordomía de nuestros recursos incluirá el destinar una porción generosa para los ministerios de la iglesia. Esto debe hacerse en forma regular, consecuente, consciente, alegre y proporcional.

d. En mi opinión, la idea de que debemos postergar el dar con generosidad hasta que hayamos pagado todas nuestras deudas o hasta que recibamos un aumento de sueldo, o hasta que los hijos hayan crecido o que hayamos comprado una casa, es contraria a las Escrituras. Es posible que entonces podamos dar más pero ahora debemos dar con generosidad.

2. *Aparte la cantidad necesaria para pagar los impuestos.*

a. Sume todos los impuestos que tendrá que pagar en el año. Divídalo por doce meses y obtendrá lo que debe ahorrar cada mes para pagar sus impuestos. (Esto puede variar si su empleador le retiene total o parcialmente el impuesto a las ganancias.)

b. Compare Lucas 3.7, 8, 13; Marcos 12.17; y Romanos 13.6, 7 y vea qué importante es que paguemos nuestros impuestos a tiempo.

3. *Haga una lista detallada de las necesidades de su familia* (1 Ti. 5.8). En esta lista seguramente incluirá:

a. Pago de alquiler o cuota por compra de la vivienda.

b. Electricidad, agua, gas, teléfono, etc.

c. Comestibles.

d. Cuotas del automóvil y su mantenimiento.

e. Artículos para el hogar.

f. Vestimenta y su mantenimiento (arreglos, limpieza).

g. Seguros.

h. Pago regular de todas las deudas.

i. Médico, dentista, medicamentos.

j. Invitados.

k. Recreación y vacaciones de la familia.

l. Ahorros e inversiones. (Por lo general, conviene ahorrar dinero y pagar al contado las compras, antes que tomar prestado o comprar a crédito, debido al cargo adicional que deberá pagarse en concepto de intereses. En ocasiones puede ser acertado y necesario tomar prestado o comprar a crédito. Sin embargo, no debiera tomar dinero prestado para comprar alguna cosa no imprescindible o cuya compra pueda postergarse. Tampoco debe tomar prestado o comprar a crédito a menos que esté seguro de poder agregar esta deuda a las que ya tiene sin sobrecargarse.)

m. Material de lectura (literatura cristiana, revistas, periódico).

n. Educación (la suya y la de sus hijos).

o. Ayuda a otros (supliendo las necesidades de los santos carecientes y otros).

p. Varios (peluquería, correo).

q. Regalos (de cumpleanos, Navidad, casamientos, nacimientos, etc.).

r. Gastos personales de hijos, esposo, esposa.

s. Emergencias (nueva cocina, calefón, reparaciones inesperadas, etc.).

4. Ahora *deberá comparar el total de los ingresos con el total de las salidas.* Si las salidas son mayores que los ingresos debe planificar cómo hará para equilibrarlos. Conozco sólo dos maneras de lograr esto:

   a. Puede tratar de reducir sus gastos. Revise su presupuesto y pregúntese:

      1) ¿Hay algo en la lista que es *totalmente innecesario?*

      2) ¿Se podría *disminuir la cantidad* en algún renglón?

      3) ¿Se podría *sustituir* alguna cosa por otra de *menor valor?*

      4) ¿*Hay otra manera* de obtener algún item?

      5) ¿Se podría *postergar* la compra de alguna cosa?

      6) ¿Hay algo que podríamos comprar *junto con otros y compartirlo?*

      7) ¿Hay algo que podríamos *vender* y *reemplazar* por otro más económico?

   b. Puede tratar de incrementar sus ingresos.

      1) Si en su empleo le pagan por hora, podría aumentar sus ingresos trabajando *horas extras.* O podría buscar un *segundo empleo* los sábados por la manana o hacer trabajos inusuales como cortar cercos o césped. Como se indicó anteriormente debe

tener cuidado al tomar otro empleo o trabajar horas extras. Debe quedarle tiempo para mantener su vida espiritual, para relacionarse con su familia, y cuidar las necesidades de su familia y los suyos propios. En caso de trabajar horas extras o de tomar un empleo adicional, debe dedicar suficiente tiempo para estas cosas y poner un límite a las horas extras que trabaje. Cuando sea posible, lleve a miembros de su familia consigo cuando corte cercos o céspedes. Por lo menos estarán junto a usted.

2) Con calma y respetuosamente preséntele sus necesidades a su empleador y *pídale un aumento*. Haga esto solamente después de mucha oración. Asegúrese de ser un empleado leal, dedicado, honesto, respetuoso y trabajador que merece tal aumento.

3) *Que la esposa u otros miembros de la familia también trabajen* (cp. Sal. 128.3; 127.4-6; Pr. 31.10-31). Una familia incrementó sus ingresos repartiendo periódicos. Juntos trabajaban enrollando cada diario. Luego la madre conducía el vehículo y los hijos tiraban los diarios en las respectivas casas. En realidad este ha sido un proyecto de toda la familia. Además de ganar dinero están cimentando la unidad y las relaciones familiares. Sin embargo, es necesario otra vez tener cautela. Si la esposa se involucra en trabajo fuera de la casa, no deberá interferir con sus otras responsabilidades hacia Dios, su esposo, su familia y hacia sí misma. Si los hijos trabajan debe hacerse con la misma cautela.

4) *Haga una lista de sus posesiones.* ¿Hay algunos artículos que en realidad no necesita? ¿Podría venderlos? Revise su altillo, garage o sótano. ¿Podría organizar una venta de artículos? ¿Podría prescindir de algunas antigüedades? ¿Tiene algunas cosas en duplicado?

5) *Sea productor.* Ahorre dinero aprendiendo a coser, tejer, o hacer cerámica. Haga un jardín, aprenda carpintería o mecánica. Si llega a ser competente en cualquiera de estas cosas puede lograr ingresos adicionales haciéndolas para otros.

6) Si reúne las cualidades, considere la idea de *postularse para un empleo de mayor remuneración o aun cambiar de empleo*. No es bueno estar constantemente cambiando de empleo pero si su educación, experiencia y capacidad le permiten presentarse para un empleo de mayor desafío y mejor remunerado puede intentar hacerlo.

7) *Pida el consejo de otros* que han enfrentado dificultades similares, y han tenido éxito. Evite en lo posible quejarse de su situación pero no tenga vergüenza de pedir consejo. Es probable que otros sepan cómo sacar el mejor provecho de lo poco que se tiene o cómo ganar más dinero sin sacrificar otras responsabilidades importantes.

8) *Ore con fe acerca de su necesidad de dinero y la administración del mismo*. "La oración eficaz del justo puede mucho" (Stg. 5.16). "Fíate de Jehová de todo tu corazón, y no te apoyes en tu propia prudencia. Reconócelo en todos tus caminos, y él enderezará tus veredas" (Pr. 3.5, 6). "Confía en Jehová [apóyate en El] y haz el bien; y habitarás en la tierra, y te apacentarás de la verdad" (Sal. 37.3). "Mi Dios, pues, suplirá [abundantemente] todo lo que os falta conforme a sus riquezas en gloria en Cristo Jesús" (Fil. 4.19). Si honestamente trabaja todo lo que puede, gana todo lo que puede y utiliza lo que tiene de acuerdo a principios bíblicos, puede confiar en que Dios le suplirá lo que le falte. El cuidó de Elías en su gran necesidad. Alimentó a los israelitas en el desierto. Suplió las necesidades de Pablo y de Pedro y de Daniel, y le ayudará a usted en la medida en que confíe en El y le obedezca. "Jesucristo es el mismo ayer, y hoy, y por los siglos" (He. 13.5). "El dijo: No te desampararé, ni te dejaré" (de ninguna manera te dejaré sin ayuda, ni te fallaré; He. 13.5, 6). Esta es Su promesa y puede confiar seguro en ella.

III. Conclusión.
   A. "Por tanto, dejará el hombre a su padre y a su madre, y se unirá a su mujer, y *serán una sola carne*" (Gn. 2.24).
      1. ¿En verdad es posible esto?

2. ¿Puede usted experimentar una genuina unidad en su matrimonio?

B. Sí, puede siempre que:
1. Jesucristo le haya libertado de la pena y el poder de su pecado. (Cp. la conclusión del capítulo 1.)
2. Acepte y cumpla los respectivos roles en el matrimonio. (Ver los materiales de enseñanza de los capítulos 2 y 3.)
3. Desarrolle y mantenga un buen sistema de comunicación. (Ver los materiales de enseñanza del capítulo 4.)
4. Adopte y aplique los principios bíblicos sobre finanzas presentados en este manual.

Lectura adicional correspondiente al Capítulo 5

Casados pero felices, Tim La Haye, pp. 20 a 24 (Editorial UNILIT).
Cómo manejar su dinero, Larry Burkett (Editorial Portavoz).
La familia auténticamente cristiana, Guillermo D. Taylor, capítulo 6, pp. 118-140.
La familia y sus finanzas, Larry Burkett (Editorial Portavoz).

Preguntas para estudiar y promover el diálogo, correspondientes al Capítulo 5

LOGRANDO UNIDAD MEDIANTE EL ACUERDO SOBRE LAS FINANZAS

Debe ser completado por los esposos en conjunto

A. Estudien los siguientes pasajes para descubrir cómo debemos ganar el dinero, cómo considerarlo y cómo gastarlo.

1. Deuteronomio 8.17, 18 _____

2. 1 Crónicas 29.11, 12 _____

3. Eclesiastés 5.19 _____

4. Eclesiastés 5.10 _____

5. 1 Timoteo 6.6-10 _____

6. 1 Timoteo 6.l7-19 _____

7. Lucas 12.15-21 _____

8. Hebreos 13.5 _____

9. Filipenses 4.11-19 _____

10. Proverbios 12.10 _____

11. Proverbios 11.28 _____

12. Proverbios 11.24, 25 _____

13. Proverbios 13.11; 14.23 _____

14. Proverbios 13.18-22 _____

15. Proverbios 15.6 _____

16. Proverbios 15.16, 17, 22 _____

17. Proverbios 15.27 _____

18. Proverbios 16.8 _____

19. Proverbios 16.16 _____

20. Proverbios 20.4, 14, 18 _____

21. Proverbios 12.20, 25, 26 _____

22. Proverbios 22.1, 4, 7 _____

23. Proverbios 21.5, 6 _____

24. Proverbios 23.1-5 _____

25. Proverbios 24.30-35 _____

26. Proverbios 27.23, 24 _____

27. Proverbios 28.6, 22 _____

28. Proverbios 30.24, 25 _____

29. Mateo 6.19, 20 _____

30. Lucas 6.27-38 _____

31. Efesios 4.28 _____

32. 2 Tesalonicenses 3.7-12 _____

33. Romanos 13.6-8 _____

34. Mateo 17.24-27 _____

35. Mateo 22.15-22 _____

36. Lucas 14.28 _____

37. Proverbios 22.7 _____

38. Mateo 15.1-6 _____

39. Lucas 16.10, 11 _____

40. 2 Corintios 12.14 _____

41. 1 Timoteo 5.8 _____

42. Hechos 20.35 _____

43. Mateo 16.26 _____

44. Gálatas 6.6; 1 Corintios 9.11, 14 _____

45. 2 Corintios 9.11, 14 _____

46. 2 Corintios 9.6-12: Anoten varios principios sobre el ofrendar que se encuentran en estos versículos.

    a. _____

    b. _____

    c. _____

    d. _____

    e _____

    f. _____

47. Deuteronomio 15.10, 11 _____

48. 1 Corintios 6.9, 10 _____

49. Anoten los principios sobre ofrendar sugeridos en 1 Corintios 16.2.

   a. _____

   b. _____

   c. _____

B. Hagan una lista de los principios que se encuentran en los versículos ya vistos que les guiarán en su actitud hacia el dinero, su deseo de tenerlo, cómo adquirirlo, y cómo utilizarlo. Trece principios ya están anotados; agreguen sus propias ideas. Tracen un círculo alrededor de aquellos principios que deben ser implementados más cabalmente en sus vidas. Pónganlos en oración.

   1. *Hay muchas cosas de más valor que el oro* (Mt. 16.26; Lc. 12.15; Pr. 15.16, 17).

   2. *La codicia y la disconformidad son pecados* (He. 13.5; 1 Co. 6.9, 10).

   3. *Dios es el que da al hombre la capacidad de ganar dinero* (Dt. 8.18; 1 Cr. 29.12).

   4. *El tesoro celestial es más deseable que el terrenal* (Mt. 6.19-20).

   5. *Por lo general, Dios recompensa el trabajo duro* (Pr. 13.11; 14.23).

   6. *Todo lo que tengo pertenece a Dios* (1 Cr. 29.11). La mayordomía cristiana es total, no parcial.

   7. *El ofrendar a la obra del Señor es un privilegio y una inversión, no sólo un deber u obligación* (2 Co. 9.6-12; Fil. 4.11-19).

   8. *Debo ahorrar parte de mis ingresos para futuras emergencias* (Pr. 30.24, 25; 13.22; 21.20).

   9. *Debo evitar proyectos para enriquecerme en poco tiempo* (Pr. 29.11; 1 Ti. 6.9; Pr. 13.11).

10. *No debo gastar más de lo que gano* (Ro. 13.8; Pr. 20.18; Lc. 14.28).

11. *Debo planiflcar el uso de mis ingresos y disciplinarme para seguir ese plan* (Pr. 27.23, 24; 16.10, 11).

12. *Debo buscar el consejo de hombres sabios antes de incurrir en un gasto grande* (Pr. 20.18; 15.22).

13. *Debo trabajar no sólo para ganar dinero para mí, sino primordialmente para poder dar a otros* (Ef. 4.28; Pr. 11.24).

14. _____

15. _____

16. _____

17. _____

18. _____

19. _____

20. _____

21. _____

22. _____

23. _____

24. _____

25. _____

C. Realicen un perfil económico y hagan un presupuesto.

   1. Capital

      a. Sueldo mensual _____

      b. Ingresos adicionales _____

         Total _____

   2. Gastos y pasivos

      a. Deudas pendientes (total) _____

b. Detalle sus obligaciones mensuales

1) Iglesia/ministerios _____

2) Impuestos _____

3) Alimentos y artículos domésticos _____

4) Cuota de la vivienda o alquiler _____

5) Electricidad, gas, teléfono, etc. _____

6   Vestimenta y su mantenimiento _____

7) Seguros _____

8) Recreación y vacaciones _____

9) Ahorros e inversiones _____

10) Pago de deudas _____

11) Asistencia médica _____

12) Obsequios _____

13) Invitaciones _____

14) Material de lectura _____

15) Educación _____

16) Gastos personales _____

17) Ayuda a otros _____

18) Emergencias _____

Total_____

Comparen los ingresos con los gastos. Si sus gastos son mayores que los ingresos, deben planificar cómo y cuándo reducirán sus obligaciones o bien cómo pueden aumentar sus ingresos. Decidan lo que van a hacer y escriban su plan.

_____
_____
_____
_____
_____
_____
_____

D. Intercambien ideas sobre los siguientes temas y busquen soluciones.
1. ¿Qué estandar de vida adoptarán? ¿El de los padres del marido? ¿El de los de la esposa? ¿Ninguno de estos?
2. ¿Comprarán a crédito? Si deciden que sí, ¿hasta qué monto?
3. ¿Cuánto gastarán en recreación, obsequios y vacaciones?
4. ¿Cuánto darán a la iglesia? ¿Ofrendarán todo a la iglesia local o a diferentes organizaciones cristianas?
5. ¿Harán previsión para la futura educación de sus hijos?
6. ¿Sacarán seguros? ¿De qué clase? ¿Seguro de vida, de salud, sobre la vivienda, el automóvil, etc.? ¿Cuánto destinarán a esto?
7. Si no tienen herederos legales, ¿pondrán sus bienes a nombre de entidades cristianas, reservándose su uso o renta mientras vivan?
8. ¿Qué de los ahorros e inversiones? ¿Abrirán una Cuenta de Ahorros? ¿Invertirán dinero? ¿Dónde y cómo lo harán? ¿Cuánto dinero dispondrán para esto?
9. ¿Quien pagará las cuentas y se ocupará de las finanzas de rutina? ¿Quién será el tesorero de la familia?
10. ¿Cómo decidirán cuándo harán compras importantes tales como un automóvil o muebles nuevos?
11. ¿Cómo harán previsión para emergencias?
12. ¿Cómo harán previsión para la ancianidad?
13. ¿Necesitará la esposa conseguir un empleo?
14. ¿Tomarán dinero prestado? ¿Cuándo? ¿Dónde? ¿Cuánto?
15. ¿El esposo buscará un empleo adicional?
16. ¿Con cuánta frecuencia tendrán invitados a comer?
17. ¿Que harán cuando haya desacuerdo sobre la manera en que se gasta el dinero?
18. ¿Saldrán a comer? ¿Con cuánta frecuencia?
19. ¿Qué actitudes tenían sus padres hacia el dinero? ¿Qué diferencias había entre los diferentes padres en cuanto al dinero y cómo utilizarlo?
20. ¿Qué de los gastos personales? ¿Cada uno dispondrá de dinero para esto? ¿Cuánto se destinará para este fin? ¿En qué se gastará?
21. ¿Comprarán una vivienda o seguirán alquilando por el resto de sus vidas? Si compran, ¿cuánto gastarán para esto? ¿Qué porción de sus ingresos dispondrán para este fin?
22. ¿Qué clase de artefactos y equipamiento comprarán?

CAPÍTULO 6

Desarrollando la unidad sexual

En este capítulo se tratarán los así llamados "problemas sexuales" o la "incompatibilidad sexual". Se presentarán algunas razones para la "incompatibilidad sexual", una perspectiva bíblica de las relaciones sexuales y algunas sugerencias específicas y prácticas para desarrollar la unidad sexual. También se incluye lectura adicional, preguntas para estudiar y ejercicios.

A. "Por tanto, dejará el hombre a su padre y a su madre, y se unirá a su mujer, y *serán una sola carne*" (Gn. 2.24).
1. Todos los comentarios sobre este pasaje que estudié están de acuerdo en que llegar a *ser una sola carne es un concepto amplio que involucra la totalidad de la vida.* El contexto de Génesis 2 y la enseñanza del resto de la Biblia sobre el matrimonio lo exige.
2. Al mismo tiempo, es generalmente reconocido que *no hay otra esfera donde este compartir en forma total está más bellamente ilustrado o plenamente experimentado que en la relación sexual del hombre con su esposa.*
3. En su libro *Design for Christian Marriage* (Diseño para el matrimonio cristiano) Dwight Harvey Small ha escrito: "*La relación sexual es más que un acto físico; es un símbolo de una relación espiritual y la expresión de la completa unidad de dos personas en amor conyugal* . . . Es . . . el medio por el cual son confirmados y nutridos en esa unión. La relación sexual es el *establecimiento y la confirmación de esa unidad.* La verdadera dignidad del sexo yace en su habilidad de *realzar esta unidad personal* entre dos personas que se han entregado el uno al otro en amor y matrimonio. En la relación sexual la pareja es unida indisolublemente en lo que la

Biblia llama 'una sola carne'" (pp. 94, 96. Enfasis agregado).

B. Es significativo que la *Biblia a menudo describe el acto matrimonial como que el hombre conoce a su mujer.*
   1. Génesis 4.1 es un ejemplo.
      a. En la Versión Reina-Valera dice: "Conoció Adán a su mujer Eva, la cual concibió . . . ."
      b. La Versión Dios Habla Hoy lo traduce: "El hombre se unió con su esposa Eva. Ella quedó embarazada y . . . ."
   2. Esto sólo puede significar que el acto sexual es el medio para lograr una comunión profunda y compartirlo todo, mediante lo cual el marido y la mujer llegan a conocerse muy íntimamente.
C. *Las relaciones sexuales normalmente son parte integral de una genuina unidad en el matrimonio.*
   1. Según Dwight Harvey Small: "Sirven para expresar, establecer, confirmar, intensificar y enriquecer la completa unidad de dos personas en amor conyugal."
   2. De acuerdo con la Biblia, *el acto matrimonial es más que un acto físico. Es un acto de compartir. Es un acto de comunión. Es un acto de una entrega total* en el que el marido se da por completo a su esposa y ella se entrega a su marido de tal forma que los dos en realidad llegan a ser una sola carne.
   3. Es evidente, entonces, que el establecimiento de buenas relaciones sexuales es una parte importante del desarrollo de la unidad en el matrimonio.
D. Sin embargo, *la triste verdad es que no hay otra área donde se hayan librado más batallas conyugales ni donde se haya manifestado más insatifacción.*
   1. Multitudes de parejas han procurado el divorcio quejándose de "incompatibilidad sexual". Un abogado a quien entrevisté me dijo que casi todas las parejas que le consultan sobre el divorcio manifiestan "incompatibilidad sexual".
   2. Y hay muchas parejas que no llegan al divorcio que también tienen muchos conflictos acerca de sus relaciones sexuales. Mi propia experiencia como consejero sólo ha servido para confirmar el hecho de que esta es un área de grandes conflictos. Con demasiada frecuencia el acto matrimonial produce irritación en lugar de satisfacción; es un área de conflicto en lugar de promover y expresar la unidad.

3. Una pregunta que debe encararse es, *si Dios creó y orde-*
nó las relaciones sexuales para promover y expresar la
unidad en el matrimonio, ¿por qué razón tantas parejas
tienen problemas precisamente en esta área?

I. *Algunas parejas quizá tengan problemas sexuales debido a cul-*
pas no resueltas.

A. Las Escrituras nos advierten que nuestros pecados nos al-
canzarán (Nm. 32.23). También nos recuerda que tenemos
una conciencia que nos "acusa o excusa" (Ro. 2.15).

1. Podemos tratar de ignorar nuestro pecado o de encubrir-
lo. Es posible pensar que lo estamos logrando.

2. Pero tengamos la certeza de que nuestro pecado nos alcanzará. Tenemos una conciencia que frecuentemente
nos recuerda nuestra desobediencia y nos impide gozar
verdaderamente de la vida presente.

3. Recordemos la angustia que sufrió David por no tratar
con su pecado y culpa según lo expresa el Salmo 32.
Dijo: "Mientras callé, se envejecieron mis huesos en mi
gemir todo el día . . . se volvió mi verdor en sequedades
de verano" (Sal. 32.3, 4). Con estas palabras David describe una horrible experiencia que vivió como resultado
de culpa no confesada. Había desobedecido gravemente
a Dios y luego procuró ignorar su pecado, pero fue imposible. Ante su consternación descubrió que ya no podía disfrutar de cosas como antes. Comprobó con tristeza
que la vida había perdido su entusiasmo y que comenza-
ban a surgir problemas emocionales, sociales, físicos y
espirituales. ¿Por qué? Porque el desagrado de Dios cayó
pesadamente sobre él. Porque su conciencia constantemente le acusaba. Porque sus pecados lo estaban alcan-
zando.

B. En forma similar *hay personas que ahora tienen problemas*
sexuales en el matrimonio debido a la culpa no resuelta por
experiencias sexuales ilegítimas en el pasado.

1. Hay personas que me han dicho que aún se sienten culpables y frecuentemente se sienten molestos por pecados
sexuales que habían cometido diecisiete o dieciocho años
atrás. Recuerdos de prácticas en el pasado como caricias
muy íntimas, masturbación, homosexualidad o prácticas
sexuales inmorales o egoístas siguen perturbándoles, di-
ficultando el verdadero goce de las relaciones sexuales
en el presente.

2. R.C. Sproul escribe: "Muchas mujeres llegan al matrimonio con una enorme carga de culpa que les atormenta por años . . . Una pregunta que frecuentemente le hago a los hombres que se quejan de la frigidez de sus esposas es: '¿Tuvo relaciones sexuales con su esposa antes de casarse?' . . . En todos los casos cuando he formulado esta pregunta la respuesta ha sido afirmativa. Entonces le hago otra pregunta: '¿Diría que su esposa le respondía sexualmente más antes de casarse?' También en todos los casos que hice esta pregunta el esposo respondió enfáticamente que en verdad su esposa le respondía más antes de casarse. Generalmente me miran perplejos y dicen: '¿Cómo lo sabía usted?' La respuesta es que es un fenómeno bastante común. Pueden haber muchas explicaciones plausibles de la evaluación del marido . . . Pero una explicación debe considerarse seriamente. Quizá la mujer se siente tan culpable por haber perdido su virginidad antes del matrimonio que ahora sufre los efectos paralizantes de esa culpa" (*Discovering the Intimate Marriage*, pp. 96, 97).

C. Esta condición puede ser corregida *solamente cuando la persona involucrada encara su pecado, lo confiesa ante Dios, busca la purificación por medio de la sangre de Jesucristo, depende del poder del Espíritu Santo para cambiar sus actitudes y medita en la Palabra de Dios.*

1. "Si confesamos nuestros pecados, él es fiel y justo para perdonar nuestros pecados, y limpiarnos de toda maldad" (1 Jn. 1.9).

2. "Mi pecado te declaré, y no encubrí mi iniquidad. Dije: Confesaré mis transgresiones a Jehová [continuamente reviendo el pasado hasta que todo quede confesado]; y tú perdonaste la maldad de mi pecado" (Sal. 32.5).

3. "El que encubre sus pecados no prosperará; mas el que los confiesa y se aparta alcanzará misericordia" (Pr. 28.13).

4. "En quien tenemos redención por su sangre, el perdón de pecados según las riquezas de su gracia" (Ef. 1.7).

5. "La sangre de Jesucristo su Hijo nos limpia de todo pecado" (1 Jn. 1.7).

6. "Si alguno hubiere pecado, abogado tenemos para con el Padre, a Jesucristo el justo. Y él es la propiciación por nuestros pecados . . . (1 Jn. 2.1, 2).

7. "No erréis; ni los fornicarios, ni los idólatras, ni los adúl-
teros, ni los afeminados, ni los que se echan con varones,
ni los ladrones, ni los avaros, ni los borrachos, ni los
maledicientes, ni los estafadores, heredarán el reino de
Dios. Y esto erais algunos; mas ya habéis sido lavados
[purificados mediante una propiciación completa del pecado y liberados de la culpa del pecado], ya habéis sido
santificados [consagrados, apartados]; ya habéis sido jus-
tificados [pronunciados justos] en el nombre del Señor
Jesús, y por el Espíritu de nuestro Dios" (1 Co. 6.9-11).
8. "Porque el Señor es el Espíritu; y donde está el Espíritu
del Señor, allí hay libertad [emancipación de la esclavi-
tud, liberación]. Por tanto, nosotros todos, mirando a cara
descubierta [quizá esto signifique contemplar la Palabra
de Dios o bien reflejarla] como en un espejo la gloria del
Señor, somos transformados de gloria en gloria en la
misma imagen, como por el Espíritu del Señor" (2 Co.
3.17, 18).
9. "¿Con qué limpiará el joven su camino? Con guardar tu
palabra . . . En mi corazón he guardado tus dichos, para
no pecar contra ti" (Sal. 119.9, 11).
10. "¡Oh, cuánto amo yo tu ley! Todo el día es ella mi
meditación" (Sal 119.97).
11. "La palabra de Cristo more [haga su morada en vuestros
corazones] en abundancia en vosotros . . ." (Col. 3.16).
D. *Algunas parejas darían un gran paso hacia la solución de
sus problemas sexuales al tratar con su pecado en forma
bíblica.*
1. No estoy sugiriendo que una persona deba ir a Cristo o
procurar obedecerle con el sólo propósito de gozar más
de su vida sexual. Dios no permita que jamás haga esto.
2. *El problema básico del hombre es su alienación de Dios,*
no las dificultades que experimenta para poder adaptarse
a su cónyuge. El hombre es pecador por naturaleza y por
práctica (Jer. 17.9; Ro. 3.10-18; Sal. 51.5; 58.3; Ef. 2.1-
3). Sus pecados le han separado de su Dios. Está muerto
en delitos y pecados. Está bajo la maldición y la conde-
nación de Dios.
3. La *necesidad más grande del hombre es renacer por el
Espíritu de Dios, reconciliarse con Dios,* ser redimido y
perdonado, llegar a gozar del favor de Dios por medio de
la persona y obra de Jesucristo. El gran problema del

hombre es el pecado que lo aleja de Dios. Su necesidad más grande es la reconciliación con Dios mediante Jesucristo. Así que el hombre debe ir a Jesús en primera instancia por esta razón (Ef. 2.4-7; Ro. 5.6-21; Col. 3.13-21).

4. Sin embargo, *las Escrituras prometen muchos beneficios adicionales a los que han sido regenerados por el Espíritu Santo y redimidos por Jesucristo.* "La piedad para todo aprovecha, pues tiene promesa de esta vida presente, y de la venidera" (1 Ti. 4.8). "Yo he venido para que tengan vida, y para que la tengan en abundancia" (Jn. 10.10). "El Dios vivo, que nos da todas las cosas en abundancia para que las disfrutemos" (1 Ti. 6.17). Bien ha dicho el poeta al expresar una verdad bíblica, que para el cristiano: "Por la gracia del Señor, lo que veo en derredor, tiene hermosuras mil, que sin Cristo nunca vi".

5. Estoy convencido que el *cristiano verdadero tiene el potencial para gozar de las buenas cosas que Dios ha creado para el hombre, más plenamente que el no cristiano.* El sexo es una de las buenas cosas que Dios ha creado para el hombre (Gn. 1.27-31; He. 13.4). Creo firmemente que la libertad de la culpa y del poder del pecado que produce la redención puede resolver muchos problemas sexuales que enfrentan las parejas en el matrimonio. Ocurre a menudo que cuando la pareja corrige su relación con Dios, sus relaciones uno con el otro también se corrigen.

II. *Muchas veces, los problemas sexuales en el matrimonio en realidad no son sexuales.*

A. Esto puede parecer una contradicción pero no lo es. Lo que quiero decir es que una *relación sexual deficiente a menudo es como la luz roja en el tablero de un automóvil.*

1. La luz roja es una indicación de que el automóvil tiene otro problema o problemas. Tratar de arreglar la luz roja (moviéndola o golpeándola) o aun reemplazándola no solucionará el verdadero problema del automóvil. Hay que buscar lo que está detrás de eso.

2. La luz roja indica que el automóvil necesita aceite o agua, o que hay que soltar el freno. Solucione estos problemas y automáticamente se apagará la luz roja. Si ignora estos problemas la luz roja continuará encendida hasta que el automóvil quede arruinado.

3. Después de años de estudio y experiencia en aconseja-

miento matrimonial, James Petersen afirma: "Conflictos sobre dinero o religión, negligencia o descortesía, peleas o palabras amargas con el tiempo tendrán un efecto adverso sobre la armonía sexual. Una de las razones por las que parece difícil lograr la armonía es que los fracasos en una o varias de las áreas principales de la vida conyugal se reflejan en las relaciones íntimas. Por lo general la pareja que ha logrado un esquema de cooperación satisfactorio para enfrentar todos sus otros problemas no tendrán mayores dificultades en unirse sexualmente" (citado por Dwight Harvey Small en *After You've Said I Do* [Después del Sí quiero], p. 228).

B. He escuchado al Dr. Jay Adams describir gráficamente lo que estoy diciendo, de esta manera. El compara los problemas no resueltos de la pareja con valijas.

1. Consideremos el caso de un esposo que no ama a su mujer en la forma bíblica. Es inconsciente, desconsiderado, severo, ingrato, irritable, implacable, y contencioso. La domina a ella como si fuese una esclava, o la ignora como si no existiese, o la trata como si fuera un objeto y no una persona.

2. ¿Cuál es el resultado? Pues las actitudes y acciones del marido comienzan a pesar sobre su mujer. Medita sobre ellas. Se siente herida, despreciada, rechazada, descuidada, no amada. *Estas cosas llegan a ser como maletas pesadas que la esposa debe cargar todo el tiempo*. Están con ella cuando cocina o limpia pero *en manera especial cuando se acueste con su esposo*. Son las maletas de la desconsideración, la severidad, la ingratitud, de un espíritu implacable, del pecado no confesado del marido contra su esposa. También están las maletas de la autocompasión, la amargura y el resentimiento de ella que se yerguen entre los dos.

3. Entonces él se acerca a ella y desea tener relaciones sexuales. *Participan del acto sexual pero ambos saben que faltó algo*. El acto matrimonial ha sido hueco, vacío, sin sentido ni satisfacción.

4. ¿Por qué? *Han tratado de tener relaciones íntimas en una cama donde hay una pila de maletas entre los dos*.

5. ¿Cómo se resuelve el problema sexual en este caso? *Quitando las maletas*. El verdadero problema en una situación como esta no es el sexual. El verdadero proble-

ma consiste de una cantidad de otros problemas que hay entre el marido y su esposa. Al resolver esos problemas es muy posible que los sexuales se corregirán automáticamente. Si se ignoran los sexuales seguramente empeorarán.

C. Colosenses 3.14 nos dice que *el vínculo perfecto es el amor.*
   1. Cuando se aplica este versículo a las relaciones sexuales en el matrimonio es sumamente elocuente. *Si el amor es el vínculo perfecto, los problemas sexuales pueden ser la luz roja en el tablero del matrimonio que indica una falta de amor bíblico en ese matrimonio.*
   2. Generalmente, cuando una pareja expresa y experimenta el amor de 1 Corintios 13, los problemas sexuales son mínimos. Una nueva aplicación de ese amor que es paciente, amable, humilde, compasivo, tierno, perdonador, generoso, cortés, considerado, sensible, verdadero, apreciativo y protector logrará mejorar las relaciones sexuales más que la lectura de todos los libros recientes sobre métodos y técnicas. Que el marido y la esposa con amor y alegría cumplan sus roles bíblicos el uno hacia el otro; que aprendan a comunicarse profundamente de acuerdo a los principios bíblicos y la mayoría de sus problemas sexuales se disiparán.

III. Al mismo tiempo, es necesario reconocer que *algunos problemas sexuales se deben a la ignorancia o mala información.*
   A. *Lamentablemente algunas personas casadas ignoran la anatomia física de su cónyuge.*
      1. Un cristiano sabía que su esposa no tenía placer personal de sus relaciones íntimas. Obedientemente ella se sometía a su esposo pero él comenzó a sentirse culpable de "obligarla" a participar de una actividad que era mayormente para la satisfacción de él. Ella le aseguró que estaba contenta de complacerle. El seguía preocupado porque realmente deseaba darle placer a su mujer. Comenzó a sentirse culpable de egoísmo y puso en oración sus relaciones sexuales.
      2. En el contexto más amplio del matrimonio, mostraba consideración hacia su esposa, y realmente la alentaba y apreciaba. Sin embargo, después de quince años de matrimonio su esposa jamás había experimentado un clímax. Finalmente, buscó ayuda y cuando lo hizo descubrió que su incapacidad de agradar realmente a su esposa, se

debía a su ignorancia del aparato sexual de ella. Como resultado de alguna nueva información este hombre y su esposa, ambos con educación superior y muy inteligentes comenzaron a experimentar una unidad sexual antes ignorada.

B. Pero si la ignorancia de la anatomía física de la pareja es a veces un problema, *la ignorancia de las diferencias de temperamento es un problema más frecuente.*

   1. *Muchas mujeres parecen no comprender el temperamento masculino.*

      a. No comprenden que *la mayoría de los hombres se excitan rápida y fácilmente.* Tampoco saben que la mayoría de los hombres se excitan por lo que ven. Sin siquiera tocar el cuerpo de la mujer, el hombre puede excitarse. Ocurre con suma facilidad.

      b. Quizá por esto Jesús advirtió a los hombres sobre el peligro de mirar a las mujeres que no eran sus esposas (Mt. 5.28). Quizá sea porque los hombres se excitan fácilmente que el libro de Proverbios contiene advertencia tras advertencia para los hombres sobre el peligro de ser seducidos por mujeres fáciles (Pr. 5.1-23; 6.23-35; 7.1-27).

      c. Debido a que se excitan fácilmente los hombres deben tener mucho cuidado en lo que miran y en lo que piensan. Por el otro lado, las mujeres deben tener cuidado en la forma que se visten, hablan y caminan ante los hombres que no son sus esposos. Además de esto, las esposas deben reconocer que los deseos sexuales de sus maridos se estimulan más rápidamente, y al principio por lo menos, son más intensos. *Deben comprender que sus maridos pueden desear relaciones sexuales más frecuentemente que ellas y que esto no significa que son "pervertidos sexuales".*

      d. Sin duda, es la responsabilidad del marido ejercer autocontrol y de pensar en la condición de su esposa y los deseos de ella. Pero *también es responsabilidod de la esposa tener en cuenta el temperamento de su marido y procurar ser su ayuda con sensibilidad, deseosa de satisfacer los deseos sexuales don él. Al no comprender el temperamento masculino algunas mujeres han abrigado actitudes de desprecio y aun de resentimiento hacia sus esposos. Además de esto, debido a la ignorancia estas mujeres han puesto una carga innecesaria de tentación sobre sus esposos.*

2. Lamentablemente, la ignorancia acerca de las diferencias de temperamento de hombres y mujeres no se limita al género femenino.

a. *Es posible que los hombres estén más desinformados que sus esposas.* Más de un marido ha acusado erróneamente a su esposa de ser sexualmente fría, insensible y aún frígida. El se considera un gran "amante" y no puede entender por qué su esposa no manifiesta el mismo interés en el sexo que él. Considera que ella es "sexualmente fría" y está seguro que otras mujeres se interesan mucho más en el sexo que su esposa.

b. En realidad, *es probable que ella no difiera de otras mujeres.* Por lo general, las mujeres no se excitan tan fácilmente como los hombres. Ver la anatomía masculina no es tan estimulante para la mujer mientras que para el hombre ver el cuerpo de una mujer sí lo es. *Palabras tiernas, generosidad, consideración, amor genuino, paciencia, amabilidad, apreciación, compasión, aceptación y ternura son las cosas que excitan a la mujer* y la preparan para disfrutar de las relaciones sexuales.

c. *No es verdad que ella se interese menos en el sexo que su marido o que sea incapaz de disfrutarlo.* Más bien, ella tiene un temperamento diferente. Responde a otros estímulos y de otra forma. En consecuencia, si el esposo quiere que su mujer disfrute al "hacer el amor" tendrá que resistir la tentación de apurarse.

d. Debido a su temperamento, *el esposo se excita fácilmente pero en la mayoría de los casos no ocurrirá lo mismo con su mujer.* Probablemente ella se excita muy lentamente de modo que su esposo debe ejercer paciencia y autocontrol. *Debe negarse a sí mismo por amor a ella y estar más interesado en satisfacer las necesidades de ella que las suyas propias.*

e. Además, *debe tratar a su esposa con amabilidad todo el tiempo y no sólo cuando desea "hacer el amor".* El marido que se toma solícito y tierno en determinados momentos no tardará en tener una esposa que se sienta usada y abusada, una esposa que duda de la sinceridad del amor de él.

f. Las Escrituras nos enseñan que "la mujer no tiene
potestad sobre su propio cuerpo, sino el marido"
(1 Co. 7.4). *La esposa debe entregarse gustosamente
a su esposo y procurar satisfacer las necesidades de
él.* No debe negarse a su marido a no ser por mutuo
consentimiento (1 Co. 7.5). Por el otro lado, el esposo debe ser muy sensible al temperamento, las necesidades y los deseos de su esposa. Debe vivir "con
ella sabiamente" (1 P. 3.7). Debe amarla como Cristo
amó a la iglesia (Ef. 5.25). Debe estimar a su esposa
más que a sí mismo y preocuparse por los intereses
de ella además de los suyos propios (Fil. 2.3, 4).
Debe darle honor como a vaso más frágil (1 P. 3.7).
Debe tener como norma agradar a su esposa para el
bien de ella y no agradarse a sí mismo (Ro. 15.1, 2).

g. *Cuando el hombre pasa por alto la forma instituida
por Dios de tratar a su esposa, por supuesto que está
desobedeciendo a Dios, pero también está manifes-
tando su ignorancia del temperamento de ella.* Los
mandamientos de Dios a los maridos están de acuerdo con el temperamento de la mujer. De modo que el
que ignora las instrucciones de Dios dificulta que su
esposa llegue genuinamente a ser uno con él. Por el
contrario, ya que estos mandamientos están de acuerdo con el temperamento de la mujer, el esposo que
los obedece estará proveyendo una atmósfera en la
que la unidad sexual y toda otra unidad florecerá.

C. Es necesario mencionar otra clase de ignorancia que a veces causa problemas sexuales y es la *ignorancia de lo que
la Biblia dice acerca del sexo.* Muchos piensan que en
realidad la Biblia no dice mucho acerca del sexo y lo que
dice es negativo. En cierta ocasión, estaba en el hogar de
un pastor mientras dirigía un seminario sobre el hogar cristiano. Cierto día estábamos sentados a la mesa tomando
una taza de café y conversando sobre varios temas relacionados con el matrimonio y la familia. En el curso de nuestra conversación, esta pareja me confió que habían tenido
algunos problemas en adaptarse sexualmente el uno al otro.
La esposa había sido criada en un hogar donde lo que se
decía del sexo siempre era negativo y en su iglesia la enseñanza dada sobre el tema también era siempre así. Como
resultado, la sola idea del sexo la atemorizaba. Pensaba

que el sexo era algo que las mujeres toleraban para poder procrear, pero que ciertamente no era algo que personas espirituales disfrutaban ni aún del cual dialogaban. Su hogar y su iglesia habían enfatizado el abuso y el mal uso del sexo, pero no le habían comunicado las muchas cosas positivas que dice la Biblia al respecto. Por cierto que las razones por las cuales enfatizaban las enseñanzas negativas de la Biblia sobre lo perjudicial de las relaciones prematrimoniales, la masturbación, la homosexualidad, y el adulterio eran buenas. Querían proteger a los jóvenes del pecado. Sin embargo, por lo menos en este caso, al no enfatizar las enseñanzas positivas de la Biblia acerca del sexo hicieron que ella sólo considerara al sexo como carnal y aun sucio. La ignorancia, entonces, de las enseñanzas positivas de la Biblia, pueden producir problemas sexuales en el matrimonio e impedir una genuina experiencia de unidad.

Quiero compartir aquí siete principios bíblicos importantes referentes a las relaciones sexuales que esboza Harry H. McGee, Doctor en Medicina en su libro *The Scriptures, Sex and Satisfaction* (Las Escrituras, el sexo y la satisfacción). Estos siete principios son tomados de un pasaje clave en 1 Corintios 7.1-6, pero están respaldados también por otros pasajes.

1. *Las relaciones sexuales dentro del matrimonio son santas y buenas* (He. 13.4). Dios alienta las relaciones sexuales y advierte contra las tentaciones que pueden surgir de la privación o cesación.

2. *El placer en las relaciones sexuales (así como el placer de comer o de otras funciones del cuerpo) no está prohibido sino más bien se da por sentado* cuando Pablo escribe que los cuerpos de ambos pertenecen el uno al otro (cp. también Pr. 5.18, 19 y Cantar de los Cantares).

3. *El placer sexual debe regularse por el principio clave de que la sexualidad no existe para el placer de uno mismo sino del de su compañero* (los derechos del cuerpo se entregan al cónyuge en el matrimonio). Toda manifestación sexual orientada hacia uno mismo es pecaminosa y lasciva en lugar de ser santa y amorosa. La homosexualidad y la masturbación, por lo tanto, están condenadas junto con otras actividades orientadas hacia uno mismo dentro del matrimonio. En el sexo como en todo otro

aspecto de la vida, "más bienaventurada cosa es dar que recibir". El placer más grande se logra al satisfacer al cónyuge.

4. *Las relaciones sexuales han de ser regulares y continuas.* No se indica el número de veces por semana, pero está el principio de que ambos deben proveer satisfacción adecuada para evitar el "quemarse" (deseo sexual no satisfecho) y la tentación de encontrar satisfacción en otra parte.

5. *El principio de la satifacción mutua significa que cada uno debe proveer la satifacción sexual que le corresponde al esposo o esposa cuando sea necesario.* Por supuesto que otros principios bíblicos (por ejemplo, el principio de la moderación), y el principio de que uno nunca trata de satisfacerse a sí mismo sino a su compañero en el matrimonio, siempre regula la frecuencia de tal modo que ninguno le exija al otro en forma irracional. El deseo de satisfacción sexual nunca debe ser gobernado por la lascivia idólatra, pero tampoco puede tal regulación ser utilizada como excusa por ser insensible a las necesidades genuinas de la pareja que deben ser satisfechas.

6. De acuerdo con el principio de "derechos", *no debe haber regateos* ("No tendré relaciones contigo a menos que tú . . ."). Ninguno tiene derecho de hacer tales regateos.

7. *Las relaciones sexuales son iguales y recíprocas.* Pablo no le otorga mayores derechos al hombre que a la mujer. La iniciación mutua del coito, la estimulación, el juego de amor previo, y la participación en el acto sexual no sólo es permitido sino prescritas. Los derechos del matrimonio involucran una responsabilidad mutua. (Citado del apéndice de *The Scriptures, Sex and Satisfaction*, por Harry M. McGee, Doctor en Medicina. El apéndice fue escrito por Jay E. Adams.)

Estos son, entonces, algunos principios bíblicos referentes a las relaciones sexuales. Sugiero que el conocerlos y practicarlos, como también otros principios bíblicos que se encuentran en este capítulo, le ayudarán a desarrollar y mantener una verdadera unidad en su relación matrimonial.

Lectura adicional correspondiente al Capítulo 6

La familia auténticamente cristiana, Guillermo D. Taylor, capítulo 5.
Felicidad sexual en el matrimonio, Herbert J. Miles (Editorial LOGOI).

Preguntas para estudiar y promover el diálogo, correspondientes al Capítulo 6

DESARROLLANDO LA UNIDAD SEXUAL

Debe ser completado por los esposos en conjunto

A. Lean 1 Corintios 7.2-5, 9 y hagan una lista de todo lo que se refiere al sexo en este pasaje. Busquen las respuestas a preguntas tales como: ¿Con quién es correcto tener relaciones sexuales? ¿Cuáles son los derechos matrimoniales de cada uno? ¿Cuáles son algunos de los propósitos del matrimonio y de las relaciones sexuales? ¿Cuál debe ser la actitud de ambos hacia las relaciones sexuales? ¿Es correcto que los cristianos se masturben? ¿Cuál es la respuesta de Dios hacia el deseo sexual? ¿Debieran los cónyuges hablar acerca de sus relaciones sexuales y deseos? ¿Por cuánto tiempo debe una pareja abstenerse de relaciones sexuales?

1. _____
2. _____
3. _____
4. _____
5. _____
6. _____
7. _____
8. _____
9. _____
10. _____

B. ¿Qué nos dice Proverbios 5.15-21 acerca del matrimonio y las relaciones sexuales?

   1. _____

   2. _____

   3. _____

   4. _____

   5. _____

C. Resuman en pocas palabras el principio que se podría deducir de Hechos 20.35 en cuanto al acto sexual.

_____

_____

_____

_____

_____

_____

D. Comparen 1 Corintios 7.2-5, Proverbios 5.15-19 y Génesis 1.27, 28 y anoten los propósitos del sexo en el matrimonio.

   1. _____

   2. _____

   3. _____

E. Hagan una paráfrasis de Hebreos 13.4

_____

_____

_____

_____

F. ¿Qué verdades acerca de la relación conyugal se enseñan en Malaquías 2.13-16?

   1. _____

2. _____

3. _____

4. _____

G. Estudien Filipenses 4.2.3, 4 y señalen específicamente cómo puede aplicarse este pasaje a las relaciones sexuales.

1. _____

2. _____

3. _____

4. _____

H. ¿Qué nos enseña Cantar de los Cantares 1.2, 13-16; 7.1-10 acerca de la relación conyugal?

1. _____

2. _____

3. _____

4. _____

I. ¿Qué actitudes hacia el cónyuge y su cuerpo se sugieren en Cantar de los Cantares 4.1 y 5.10-16? ¿Se deberían avergonzar los cónyuges de encontrar deleite el uno en el otro? ¿Es correcto entusiasmarse acerca de las relaciones sexuales con su cónyuge, ansiarlas y disfrutarlas?

1. _____

2. _____

3. _____

4. _____

J. Lean 1 Corintios 6.12; Mateo 5.27, 28; 1 Corintios 7.9 y 7.3, 4 y anoten cuatro razones de por qué no es bueno masturbarse.

1. _____

2. _____

3. _____

4. _____

K. ¿Qué implicancias en cuanto al control de la natalidad tiene el hecho de que en 1 Corintios 7.2-5 y Proverbios 5.15-19 se señala que la procreación no es el único propósito del acto sexual?

1. _____
2. _____
3. _____
4. _____
5. _____

L. ¿Qué importancia tienen 1 Timoteo 5.8; Filipenses 2.4; Efesios 5.25, 28-29; 1 Corintios 7.3, 5; Exodo 20.13; Génesis 1.27, 28; Proverbios 5.18-20 y Santiago 2.17, 20 con relación al control de la natalidad?

1. _____
2. _____
3. _____
4. _____

M. Anoten cuatro diferentes métodos de control de la natalidad.

1. _____
2. _____
3. _____
4. _____

N. De acuerdo con Mateo 5.27-30 y Hebreos 13.4, ¿cuán grave es el pecado de relaciones sexuales fuera del matrimonio?

_____
_____
_____
_____
_____
_____

O. Intercambien opiniones sobre las siguientes preguntas:

1. ¿Qué le agrada acerca de sus relaciones sexuales al presente?

2. ¿Hay algo en sus relaciones sexuales que no disfruta? ¿Cuándo? ¿Cómo? ¿Con cuánta frecuencia? etc.

3. ¿Cuáles son los impedimentos más grandes para tener buena relación sexual?

4. ¿Qué es lo correcto y lo incorrecto en las relaciones sexuales? ¿Qué prohibe la Biblia?

5. ¿Necesita cambiar algo en su vida sexual? Si es así, ¿cómo lo logrará?

6. ¿Qué diferencias hay entre usted y su pareja en cuanto a sus actitudes, sentimientos, necesidades y deseos sexuales?

7. ¿Tienen algunos temores en cuanto al sexo? De ser así, ¿cuáles son?

8. ¿Hay una buena comunicación con su cónyuge acerca de sus relaciones sexuales?

9. ¿El tener un gran deseo sexual indica falta de espiritualidad?

10. ¿Con cuánta frecuencia deben tener relaciones sexuales?

11. ¿Las relaciones sexuales deben ser para la satisfacción mutua? ¿Qué deben hacer si no es así? ¿Cómo buscarán ayuda si tienen problemas en adaptarse sexualmente?

12. ¿Qué puede hacer para satisfacer las necesidades sexuales de su cónyuge más plenamente?

CAPITULO 7

Desarrollo de la unidad mediante una filosofía en común acerca de la crianza de los hijos

Este capítulo trata sobre otra de las áreas importantes donde la unidad puede ser afianzada u obstaculizada. Se presentan los principios bíblicos que gobiernan la crianza de los hijos, se sugiere la lectura adicional de otros libros, hay preguntas para estudiar y responder, y planes de acción para que esta área sea una fuerza unificadora y no divisiva. Se incluyen en la sección de estudio de este capítulo treinta y cuatro sugerencias prácticas y específicas que servirán de guía y de verificación.

A. Aunque parezca extraño, sin embargo, es cierto que el mismo sol produce reacciones diferentes y aun opuestas sobre diferentes substancias.

1. Endurece la arcilla pero derrite el hielo.
2. Promueve la salud en los seres humanos pero mata a los gérmenes.
3. Broncea o quema nuestra piel pero blanquea la tela blanca.

B. También, por extraño que parezca, no deja de ser verdad que *los hijos pueden ser una fuerza magnética que une al matrimonio o una cuña que los separa.*

1. Al realizar investigaciones para este manual entrevisté a diferentes cristianos buscando descubrir qué factores promovían la unidad matrimonial y cuáles lo impedían. Al poco tiempo era evidente que las mismas cosas que promovían la unidad a veces eran las que causaban las más grandes fricciones y conflictos.
2. Varios mencionaron a los hijos como uno de los factores más importantes para la unidad en su matrimonio. Otros indicaban que tenían más desavenencias serias en cuanto

a los hijos que sobre cualquier otro tema. En verdad, un hombre me dijo que el único tema sobre el cual él y su esposa discutían era el de los hijos. Dijo: "Nos llevamos maravillosamente bien en casi todo, pero en cuanto a los hijos a menudo ella tiene sus ideas y yo las mías".

3. Para algunos que no tienen hijos puede sorprenderles que éstos sean un área de conflicto para las parejas. Sin embargo, *el potencial para desacuerdos sobre los hijos es enorme.*

   a. En primer lugar, *es posible que no estén de acuerdo en si deben tener hijos o no.* El puede desear tener hijos y ella no. Quizá ella no quiere estar limitada o sentirse atada por la atención de hijos o no desea sufrir el dolor del parto.

   b. *O pueden tener diferentes ideas sobre cuándo tener hijos.* Quizá él quiera posponer la paternidad hasta que tenga más dinero en el banco o un mejor empleo. Ella puede desear hijos enseguida porque sus amigas ya los tienen o porque no se sentirá realizada hasta que tenga al menos uno.

   c. Es más, *quizá no estén de acuerdo en cuántos hijos deban tener.* Quizá él quiera una "camada" y hable acerca de tener su propio equipo de fútbol. Puede que ella diga: "Nada de eso. Amo a los niños pero soy yo la que tiene que darlos a luz, alimentarlos, cambiarle los panales, cocinar, lavar, y limpiar para ellos. Sólo quiero dos o tres."

   d. *Probablemente los más grandes conflictos que surgen sobre los hijos sean sobre la forma en que deben ser criados.* En mi experiencia, esta es el área donde ocurren la mayoría de las peleas. En comparación con las diferencias de opinión sobre la crianza de los hijos, todos los otros desacuerdos son muy insignificantes. Quizá él considere que la vara deba utilizarse con frecuencia y con fuerza. Ella en cambio puede pensar que el uso de la vara es brutal, cruel, y una barbarie. El puede considerar que el hijo debe tener poca libertad. Quizá crea que el hijo debe aprender a respetar la autoridad, que necesita orden y estructuras, que debe aprender a controlarse desde su infancia. Por el contrario, puede que ella tenga temor de frustrar la creatividad e iniciativa del niño. Ella cree que necesita ser disciplinado pero no quiere que su hijo sea reprimido ni inhibido. Quizá él tenga una posición tomada acerca de tareas y responsabilidades. En su opinión, los hijos deben aprender a compartir la carga, a trabajar con el sudor de su propia frente, de servir a otros desde temprana edad. Ella considera que los niños deben sólo jugar. Tendrán el resto de sus vidas para trabajar. Además, es más fácil hacer las cosas uno mismo que hacer que ellos las hagan. Sus padres jamás la obligaron a hacer trabajos y no tuvo problemas luego.

4. Podríamos seguir mencionando posibles diferencias de opinión sobre cómo criar a los hijos. Sin embargo, estas son suficientes para ilustrar la realidad y la naturaleza de algunas desavenencias en cuanto a la crianza de los hijos.

C. Estoy convencido que muchos maridos y esposas, aun los cristianos, chocan porque no tienen ninguna filosofía básica acerca de los hijos.

1. Si uno les pregunta: "¿Cuál es su filosofía básica sobre sus hijos?", responden: "¿Filosofía básica? ¿Y eso qué es?"

2. La realidad es que nunca se han planteado esto: ¿Por qué queremos hijos? ¿Cuáles debieran ser nuestras metas para nuestros hijos? ¿Cuáles son las responsabilidades de nuestros hijos? ¿Cómo debemos criarlos? ¿Por qué hacemos lo que hacemos con respecto a nuestros hijos?

3. No tienen metas, planes, estrategias o normas para guiarlos en la crianza de sus hijos. Disparan para cualquier lado. El marido obra según su criterio y la esposa en base a lo que ella considera mejor. Y lo hacen así porque así lo sienten, o porque sus padres actuaron de esa manera. No saben por qué hacen lo que hacen. No saben lo que están tratando de lograr y no es de sorprender que tengan conflictos.

D. Para los matrimonios cristianos se podrían eliminar los conflictos más graves si *en verdad tomaran a la Biblia como la autoridad final en cuanto a la crianza de sus hijos.*

1. Dios, que es nuestro Creador y el Creador también de nuestros hijos, el todo sabio, que conoce el fin desde el principio, nos ha dado en su Palabra claras directivas en cuanto a nuestras responsabilidades como padres.

2. En su Palabra nos ha dado una filosofía básica para la crianza de los hijos. En las Escrituras nos ha delineado las metas, los planes, las estrategias y las normas por las que debemos guiarnos para criar a nuestros hijos. No es necesario trabajar a oscuras, ni andar a los tumbos; no es necesario apoyarnos en nuestra propia prudencia o la de otros hombres falibles en este asunto.

3. Tenemos la infalible Palabra de Dios que responde a todas nuestras dudas, pone fin a nuestras disputas y nos es una guía. Los conflictos, desacuerdos, o diferencias de opinión, pueden ser solucionados por los matrimonios que estén dispuestos a tomar la Palabra de Dios como su autoridad final en cuanto a la crianza de sus hijos, y no sus propias ideas, sentimientos u opiniones.

4. Para mí personalmente uno de los versículos más profundos, amplios, instructivos y de apoyo en toda la Biblia sobre el tema de los hijos es Efesios 6.4.

   a. En este versículo Dios dice: "Padres, no provoquéis a ira a vuestros hijos, sino criadlos en disciplina y amonestación del Señor".

   b. Aquí, en muy poco espacio, Dios nos presenta un programa muy amplio; una filosofía básica para la crianza de los hijos. Nos dice lo que no debemos hacer, lo que sí debemos hacer, y cuáles deben ser nuestras metas, planes, estrategias, métodos y normas.

   c. Sugiero que si ambos cónyuges comprenden mutua y completamente los principios de este versículo y los aplican a la crianza de sus hijos serán buenos padres. Y lo que es más, serán padres unidos.

I. Al estudiar este versículo clave sobre la crianza de los hijos, *no debemos pasar por alto que está dirigido al padre.*

A. Al comparar una escritura con otra vemos que la *madre puede y debe estar activamente involucrada en la crianza de sus hijos.*

   1. Exodo 20.12 manda a los hijos honrar a sus padres y a sus madres. A los ojos de Dios la madre debe recibir honor al igual que el padre.

   2. Proverbios 1.8 indica la responsabilidad conjunta de la madre con el padre en este proceso de la crianza. Dice: "Oye, hijo mío, la instrucción de tu padre, y no desprecies la dirección de tu madre".

3. Proverbios 6.20 dice algo similar: "Guarda, hijo mío, el mandamiento de tu padre, y no dejes la enseñanza de tu madre".

4. 1 Timoteo 5.10 afirma que las mujeres que hayan criado hijos deben recibir trato especial cuando son mayores de sesenta años y viudas.

5. Sin duda las Escrituras enseñan que *las mujeres no sólo pueden, sino deben ocuparse* de la crianza de sus hijos. No es tarea exclusiva del padre.

   a. En verdad, el sentido común indica que aunque se quisiera sería imposible impedir que la madre participe en la crianza de sus hijos.

   b. Por lo general, los hijos pasan más tiempo con la madre que con el padre. Oyen las palabras de la madre y ven su ejemplo mucho más que el del padre. Ella es la que más frecuentemente está disponible en los momentos que necesitan enseñanza. Por lo general, está presente cuando se levantan, cuando desayunan, cuando van a la escuela, cuando regresan al hogar, cuando juegan, cuando se lastiman, cuando lloran, cuando se ríen, y cuando se acuestan. Con frecuencia está presente cuando necesitan una reprimenda, cuando necesitan instrucción y apreciación, aceptación y aliento. Generalmente es ella la que está a mano cuando están rebeldes o temerosos, o afligidos.

   c. Al fin y al cabo, la madre probablemente tiene mas oportunidades y más directa influencia en la vida de los hijos que ninguna otra persona. Pensemos en la influencia, la contribución de la devota Ana en la vida de Samuel. Consideremos el impacto que la madre de Santiago y Juan tuvo en sus vidas. Recordemos la influencia que tuvieron en la vida de Timoteo, Loida y Eunice. En un sentido muy real el antiguo proverbio: "La mano que mueve la cuna rige al mundo" es verdad. Podemos estar seguros que la madre no sólo debiera estar o tiene que estar, sino que está incluida en la crianza de los liijos.

B. Descartando que esto sea verdad, *¿por qué la Biblia habla al padre en particular en Efesios 6.4?*

   1. Una posible explicación puede ser que *a menudo es el padre que descuida esta responsabilidad.* Muchos hom-

bres han transferido a sus esposas la responsabilidad que
le cabe a ellos en la crianza del niño.

a. *En algunos casos, el esposo literalmente ha hecho
   esto diciéndole a su mujer que los "críos" son responsabilidad de ella.* Su filosofía es que él ganará el
   dinero y proveerá para sus necesidades físicas. Ella
   cuidará de la casa y de los hijos. El no esperará que
   ella haga la tarea que le corresponde a él ni debe ella
   esperar que él se ocupe de la de ella.

b. *En otros casos esto ha ocurrido por incumplimiento.*
   El se involucra en su trabajo o en la iglesia o en
   alguna otra actividad de tal modo que no tiene "tiempo" para ayudar con los hijos. Quiero decir que casi
   nunca ve a sus niños. Está muy poco en casa, y
   cuando está no quiere que lo molesten con detalles
   de poca importancia. Piensa que tiene suficiente trabajo con los problemas que enfrenta en su empleo o
   en la iglesia o en su partido de tenis sin tener que
   enfrentar las dificultades del hogar. Después de todo,
   razona, hay un límite a lo que un hombre puede
   tolerar. Por cierto, esto no significa que se despreo-
   cupa, que no ama a sus hijos, sino que ningún hombre tiene ni e] tiempo ni la energía para hacer todo.
   Además, la esposa tiene suficiente tiempo para dedicar a esto y de todos modos se desempeña mejor en
   esta tarea que él.

c. Bien, con tales racionalizaciones, o aun sin ellas, no
   pocos esposos han aliviado sus conciencias y abdica-
   do de su responsabilidad de criar a sus hijos. Pero
   Dios dice: "No. El padre tiene que ocuparse de la
   crianza de sus hijos. No puede transferir esta tarea a
   su esposa."

2. Esta, entonces, puede ser una explicación para el énfasis
   dado al padre en Efesios 6.4. Probablemente, sin embargo, la razón principal de este enfoque se encuentre en la
   *doctrina bíblica de que el hombre es la cabeza del ho-
   gar.*

   a. Jay Adams dice: "Cuando el apóstol Pablo habla al
      padre se está dirigiendo también a la madre. Se diri-
      ge al Padre porque él es responsable por lo que la
      madre hace. Al dirigirse al padre, está hablando a
      aquel en quien Dios ha delegado su autoridad para

disciplinar. El padre es la cabeza del hogar. Es el que en última instancia tendrá que responder ante Dios por lo que ocurre en el hogar" (*Vida cristiana en el hogar*, p. 104).

b. En lo que se refiere al hogar, la responsabilidad recae sobre el padre. A él se le ha encargado la dirección general del hogar. En última instancia, después de Dios, él es responsable por la autoridad, guía, dirección, formación, disciplina, provisión y crianza de los hijos, y él tendrá que dar cuenta a Dios. No puede renunciar a esta obligación a menos que esté incapacitado por enfermedad u otra dificultad.

C. Como se estableciera anteriormente, *esto no significa que la madre queda desplazada*. Ni tampoco implica que el rol de ella carece de importancia.

1. Tres versículos de las Escrituras en 1 Timoteo 3 designan como jefe del hogar al padre (vs. 4, 5, 12). Esta designación es de tremenda importancia.

   a. *Un buen jefe conoce las habilidades, los recursos, las necesidades*, el potencial, las debilidades, los problemas de las personas o negocio a su cargo.

   b. *Un buen jefe sabe cómo utilizar las habilidades y recursos de su compañía*. Sabe cómo resolver problemas, cómo hacer para que las personas den lo mejor de sí, cómo alentar la iniciativa y la creatividad, cómo delegar responsabilidades.

   c. *Un buen jefe no es un hombre que hace la tarea de otros diez*. Es un hombre que ayuda a los otr diez a hacer el mejor trabajo. No hace todo el trabajo él mismo. Procura la ayuda de otros. En última instancia, tiene la responsabilidad de ver que el trabajo se haga, pero para lograrlo acepta toda la ayuda posible.

2. *En el hogar el marido no debe descuidar su responsabilidad fundamental para con sus hijos.*

   a. Al mismo tiempo, debe aprender cómo alentar, desplegar, conseguir, dirigir, y utilizar efectivamente todo recurso legítimo a su disposición para llevar a cabo el propósito de Dios para sus hijos.

   b. Sin duda, *su recurso más importante al llevar a cabo esta tarea es su esposa*. Dios le dio una esposa para ser su ayuda adecuada. Debe ser su principal consejera, la persona a quien recurrirá principalmente, y su

asistente principal. El debe alentar la iniciativa y creatividad de ella. Debe recibir con agrado sus sugerencias y consejos. Debe delegar su autoridad y
responsabilidad en ella y darle libertad para expresar-
las. Debe ponderarla ante sus hijos como alguien a
quien honrar, respetar, oír y obedecer.

c. El y su esposa forman un equipo. La meta hacia la
cual luchan es la correcta crianza de los hijos. Juntos
deben seguir hacia esa meta. La tarea es tan grande,
los problemas tantos, la oposición tan fuerte que el
esfuerzo y la cooperación mutuos son necesarios. El
marido no puede hacerlo solo. Tiene que trabajar
como parte de un equipo. Necesita la total cooperación de su esposa. Pero *él es el líder del equipo, y
como tal el único responsable en última instancia.*
(Considere las implicancias de este concepto para
maridos, esposas, hijos, iglesia y la sociedad, cuando
un matrimonio en verdad las pone en práctica. Imagine la seguridad, estabilidad, el progreso, la armonía
y la unidad que una obediencia verdadera de este
concepto traería. Quizá este sería un buen momento
para detenerse y conversar sobre su matrimonio a la
luz de este principio. ¿Cuáles son las implicancias
para el marido? ¿Hay que hacer algunos cambios?
¿Cuáles son las implicancias para la esposa? ¿Hay
que hacer algunos cambios?)

II. Varias otras facetas del enfoque bíblico de la crianza de los hijos
están expresadas por la palabra "criadlos".

A. En el texto griego el verbo que se traduce "criadlos" está en
la voz activa, modo imperativo y tiempo presente.

1. La voz activa indica que *automáticamente los hijos no
llegan a ser lo que Dios se ha propuesto que sean.*

a. También implica que no se pueden criar a sí mismos.
Esto no puede ocurrir porque Dios dice que "la necedad está ligada en el corazón del muchacho" (Pr.
22.15), y que "el muchacho consentido avergonzará
a su madre" (Pr. 29.15).

b. Por tanto las Escrituras afirman que si uno deja que
el niño se forme a sí mismo, si uno lo cría en un
ambiente de total libertad, si le permitimos hacer sus
propias elecciones, hacer lo que él quiere, que se
exprese libremente, el resultado será vergonzoso.

c. Dios jamás quiso que los niños se formen a sí mismos. Les dio padres que deben ocuparse activamente para lograr que los hijos lleguen a ser lo que Dios desea que sean.

2. Además de estar en voz activa, es *significativo que el verbo griego está en el modo imperativo.*

   a. A veces cuando no hemos sabido qué hacer hemos buscado el consejo de otros. En ocasiones han respondido: "No le voy a decir lo que tiene que hacer pero si fuera yo, haría . . . ." En otras palabras, la persona nos ha aconsejado como amigo y podemos o no seguir tal consejo.

   b. Pues bien, *lo que Dios dice en Efesios 6.4 no es sólo un consejo de amigo.*

      1) No es sólo una sugerencia que El espera tomaremos encuenta. *Es un mandamiento que El quiere que obedezcamos.*

      2) No es una entre muchas alternativas u opciones de las que podemos elegir para guiarnos en la crianza de nuestros hijos. *Es la única opción válida para nosotros como cristianos.* Es la única forma que podemos criar a nuestros hijos. No tomar en cuenta estas pautas es más que un error o equivocación garrafal. Constituye una desobediencia o rebelión contra Dios, pues nos manda que criemos a nuestros hijos de esta manera. El verbo está en modo imperativo.

3. Además de estar en voz activa y modo imperativo, *este verbo está en tiempo presente.*

   a. En ciertas ocasiones en nuestra experiencia como padres he mirado a mi esposa y le he dicho: "Yo sé que el Señor dice que los hijos son herencia suya y cosa de estima el fruto del vientre" (Sal. 127.3), pero en este momento no me parece que son tan así. Es un gozo tener hijos, ¿pero no sería lindo tomarnos unas vacaciones lejos de la responsabilidad? ¿No sería lindo tomar un mes o dos de descanso y dejar que los hijos se ocupen de formarse ellos mismos, que se corrijan y se provean lo que necesiten?"

   b. Pero Dios dice: "No. No puedes hacer eso. Mientras los hijos estén en tu casa debes criarlos constantemente, persistentemente, sin resuello. No es una tarea que harás en un día o un mes ni en un año o diez. Es un trabajo que tomará mucho tiempo y esfuerzo constante. *Es una tarea presente, no pasada ni futura.* No es un trabajo que finalizó ayer, ni tampoco uno que se puede dejar para mañana. Mientras los hijos estén bajo tu cuidado, todos los días tendrás oportunidades de criarlos."

1) No estoy sugiriendo que los padres deban reprimir a sus hijos y no darles libertad. La represión es casi tan peligrosa y desastrosa como la total permisividad. Promueve hostilidad, inseguridad, ansiedad, resentimiento, excesiva dependencia, inestabilidad emocional, actitudes de inferioridad, y falta de decisión. Ni tampoco recomiendo que se espere que el hijo sea perfecto. Debe permitírsele cometer errores y fallar sin darle la impresión de que ha sido rechazado o que carece de valor.

2) Sin embargo, sus defectos y fallas serias no pueden ignorarse totalmente. En forma correcta y en el momento oportuno debe ser corregido y ayudado a mejorar.

c. Dios les presenta a los padres el desafío de criar a sus hijos, y el tiempo presente del verbo indica que es una tarea en que los padres deben estar constantemente ocupados. Es un trabajo sin descanso. *No hay francos ni de día ni de noche, no hay circunstancia o situación o lugar que permita liberarse de esta tarea.*

B. Ahora bien, toda esta información útil y desafiante está contenida en la palabra "criadlos", *pero nos enseña aun más.* Notemos que Dios no dice: "reprimidlos, dominadlos, refrenadlos o retenedlos", sino dice: "criadlos".

1. Debemos criar a nuestros hijos para que conozcan y confíen en Jesucristo (Mr. 10.13, 14; Mt. 28.19; Sal. 34.11).

2. Pero más que esto, dice que los hemos de criar *para que sean verdaderos discípulos de Jesucristo* (Stg. 1.21-25; Sal. 1.1-3; 119.9, 11, 105).

a. Nuestra meta debe ser llevar a nuestros hijos al punto en que son disciplinados en el camino del Señor de modo que sus actitudes y patrones y forma de vida comiencen a reflejar la imagen de Cristo.

b. Nuestro objetivo debe ser formarlos de tal modo que

sus pensamientos, actitudes y acciones comiencen a reflejar y a manifestar una semejanza al estilo de vida del cristiano descrito en la Palabra de Dios. Que tengan éxito en sus empleos, que sean buenos atletas o músicos, que sean buen mozos o tengan belleza física, que obtengan excelentes notas en sus estudios, son cosas de poca importancia en comparación con llegar a ser cristianos maduros, santos y píos.

c. Para llegar a ser cristianos maduros se requerirá la obra soberana de Dios. Sólo Dios puede salvar y santificar. Sin embargo, Dios utiliza a hombres y medios. Por cierto que como padres debemos procurar guiar a nuestros hijos a Jesucristo para su salvación, pero este no es el fin del camino. Es sólo el comienzo. El destino hacia el cual vamos con nuestros hijos es nada menos que la madurez en Cristo, la madurez descrita en las bienaventuranzas y el resto del Sermón del Monte, en 1 Corintios 13, en Efesios 4—6, en Romanos 12—15, y en muchos otros pasajes de las Escrituras. Debemos procurar formar a nuestros hijos no sólo para que conozcan la verdad sino que la cumplan; no sólo conocer lo que es correcto sino ponerlo en la práctica. Debemos procurar criar a nuestros hijos para que sus vidas honren a Dios, para que sean la luz del mundo y la sal de la tierra, para que ejerzan una influencia positiva, vencedora, transformadora en este mundo.

d. En la gran comisión Jesús dijo: "Id, y haced discípulos a todas las naciones . . . enseñándoles que guarden todas las cosas que os he mandado" (Mt. 28.19, 20). Observen que no dice solamente: "Id, y solicitad decisiones". Al contrario, él dijo: "Id, y haced discípulos . . . ." Ni tampoco dijo: "Enseñándoles a conocer todas las cosas que os he mandado." Lo que en verdad dijo fue: "Enseñándoles que *guarden* [obedezcan, practiquen] todas las cosas que os he mandado". El conocimiento de los hechos es importante. El conocimiento de la verdad es esencial. El quiere no sólo que conozcamos la verdad sino que la obedezcamos. Quiere que vivamos la verdad, que la practiquemos y seamos conformados por ella, que nos transforme esa verdad. Entonces, nuestra meta como

padres debe ser criar a nuestros hijos para que obedezcan la verdad.

3. Por supuesto que la palabra "criadlos" indica que debemos procurar preparar a nuestros hijos para dejar el nido
y volar exitosamente solos. Nuestra meta debe ser conducir a nuestros hijos al punto en que puedan tomar
decisiones inteligentes y bíblicas por sí mismos y no
depender de nosotros para su guía. Nuestro objetivo debe
ser lograr una separación amistosa e independencia de
nosotros, no una dependencia forzada servil y el apego a
nosotros. Nuestro blanco debe ser ver que nuestros hijos
lleguen a depender primordialmente de Cristo y de su
Palabra, en segundo lugar sobre sus respectivas parejas y
sólo en forma casual de nosotros. (Considere las implicancias que esta meta bien clara y definida en la crianza
de los hijos puede tener en su matrimonio. ¿Es esta la
meta que tienen para sus hijos? ¿En verdad es este su
objetivo y están procurando lograrlo? Piensen en la armonía y la unidad que un mutuo compromiso con el
mismo objetivo producirá en un matrimonio. Un acuerdo
sobre el destino o la meta como padres será un gran
factor de unidad en su matrimonio. Quizá sea este el
momento de detenerse y conversar acerca de los objetivos generales además de las metas específicas que tienen
para sus hijos.)

III. Ahora bien, esta es la meta hacia la cual como padres debemos
esforzarnos, pero ¿cómo se llevará a cabo? ¿Qué estrategia o
métodos debemos utilizar para tratar de llevar a nuestros hijos
hacia esa meta? Volviendo a nuestro texto clave en Efesios 6.4
encontramos una triple respuesta a esa pregunta. Una parte de la
respuesta está formulada en forma negativa al decirnos Dios lo
que debemos evitar en la crianza de nuestros hijos. Las otras dos
partes están presentadas en forma positiva donde Dios nos dice
lo que sí debemos hacer.

A. *En cuanto a lo negativo, Dios nos dice que debemos evitar
provocar a nuestros hijos a ira.*

1. Aquí tenemos que explicar el significado de las palabras
"provocar" e "ira", para evitar dar un sentido erróneo a
la enseñanza encerrada en esta frase.

a. Para no provocar a nuestros hijos a ira no significa
que jamás haremos cosas que podrían molestar, des-
agradar o hacer que se enojen. No significa que nun-

ca debemos negarles cosas o dejar de darles algo que desean ansiosamente.

b. Lo que significa es que nunca debemos tratarlos de tal modo que sus pasiones sean innecesariamente excitadas. Significa que *no debemos tratarlos de tal manera que sean incitados a un modo de vida iracundo y lleguen a ser hombres y mujeres irascibles.* La Biblia al Día nos ofrece una paráfrasis de este versículo que señala claramente su significado. Dice: "Y en cuanto a ustedes, padres, no estén siempre regañando y castigando a sus hijos, con lo cual pueden provocar en ellos ira y resentimientos". Observemos la palabra resentimientos. Lo que debemos evitar es exasperar a nuestros hijos al punto de producir en ellos un resentimiento profundo y duradero.

c. En Colosenses 3.21 encontramos una referencia iluminadora con respecto a esa frase. La Biblia Amplificada (traducimos aquí libremente) dice: "Padres, no provoquen ni irriten ni molesten a sus hijos, no sean duros con ellos ni los hostiguen, no sea que se desanimen o pongan hoscos y de mal humor, y se sientan inferiores o frustrados; o se vuelvan apocados'". El mismo versículo en la Nueva Biblia Española reza así: "Padres, no exasperen a sus hijos, para que no se depriman", y la versión Dios Habla Hoy lo traduce: "para que no se desanimen". En el griego la palabra que se traduce "depriman", "desanimen", o "vuelvan apocados" significa literalmente: "dejar de soplar el viento sobre las velas de un barco". Dios está diciendo: "No formen a sus hijos de tal modo que les quiten toda fuerza o iniciativa. No los crien de tal manera que se tomen totalmente frustrados, decaídos, amargados, hostiles, holgazanes, pesimistas, negativos, temerosos, miedosos, inseguros, rebeldes, resentidos, impíos y descarriados."

2. *"Por todos los medios"*, dice Dios, *"eviten provocar a sus hijos a la ira"*. ¿Pero cómo podremos obedecer este mandato? ¿Cómo evitamos irritar a nuestros hijos a la ira? Ofrezco a continuación algunas sugerencias como respuestas parciales a esa pregunta. Para evitar provocar a ira a nuestros hijos:

a. *No debemos esperar de ellos más de lo que son ca-*

paces de dar o hacer (Pr. 22.6; 1 Co. 13.11; Gn. 33.12-14). No subestimen pero tampoco sobreestimen sus capacidades (Ro. 12.3).

b. *Debemos tener cuidado de qué forma los reprendemos o corregimos.*

1) Proverbios 15.1; Efesios 4.31; Mateo 18.15; 1 Timoteo 5.1, 2 describen la forma respetuosa y cortés en que debemos tratar a los niños y también a los adultos.

2) Un hombre me contó que cuando era niño su padre tenía la costumbre de decirle "tonto" o "estúpido". Hasta el día de hoy, aunque es un hombre muy inteligente con un puesto de mucha responsabilidad se sigue considerando tonto o estúpido.

3) Cuando les hablamos a nuestros hijos evitemos el uso de palabras como: "¿Cuándo llegará el día . . . ?" "Si tu cabeza no estuviere adherida al cuerpo la perderías." "Siempre . . . ." "Nunca . . . ." "Tonto." "Qué torpe . . . ." "¡Estúpido!" "Cabeza hueca." Palabras como éstas pueden ser armas mortales, que dejan cicatrices en los hijos. Si tenían la costumbre de hablar así a sus hijos, excúsense y pídanles perdón, y procuren asegurarles que en verdad los aman y respetan.

c. *Debemos poner en práctica lo que predicamos. Debemos evitar la dualidad* (Fil. 4.9; 1 Co. 11.1; Mt. 23.1-4; Dt. 6.4-9). Los niños detectan enseguida la falta de sinceridad y la hipocresía. Les afecta profundamente.

d. *Debemos impregnar las mentes de nuestros hijos con valores y normas correctos por medio de preceptos y del ejemplo personal.*

1) Nuestra sociedad ha hecho ídolos del poder, la fuerza, la belleza, la riqueza, la inteligencia y la capacidad atlética. La gente valora estas cosas.

2) En nuestra sociedad una persona exitosa es alguien que posee por lo menos una de estas virtudes. Una persona muy exitosa es alguien que tiene varias de estas cosas. Un fracasado es aquel que no tiene ninguna.

3) De acuerdo con la Biblia, esta forma de medir el

valor y el éxito no es correcta. Estas no son las cosas que Dios valora. No son las cosas más importantes en la vida. Por tanto, debemos esforzarnos por inculcarles a nuestros hijos el hecho de que no los valoramos en base a estas cualidades externas y superficiales (1 S. 16.7; 1 P. 3.3, 4). El niño que no es tan inteligente o bien parecido, o no tan buen atleta debe saber que le amamos y valoramos tanto como aquel que posee estas cualidades (1 Co. 12.23 contiene un importante principio sobre este tema).

e. *Debemos buscar tener muchos momentos gratos con nuestros hijos.*

1) Almacenar en el banco de la memoria experiencias agradables engendrará una buena actitud hacia usted y proveerá el necesario cemento en su relación cuando tenga que corregir, reprender o castigar a sus hijos.

2) En muchas ocasiones el recuerdo de momentos gratos que han compartido les ayudará a comprender que usted no es un ogro ni un aguafiestas que disfruta ser molesto y malo (Sal. 128; Pr. 5.15-18; Ecl. 3.4; Lc. 15.17-24; Pr. 15.13; 17.22).

f. *Debemos libremente comunicarles nuestro amor y aprecio* (1 Co. 13.1-8; 16.14; Jn. 13.34, 35; 1 Ts. 2.7, 8).

1) Hágase el hábito de manifestar su amor y aprecio por sus hijos en forma tangible.

2) Hágalo de muchas maneras: con un abrazo, un beso, una palmada en la espalda, con palabras, por notas escritas, con un regalo, al jugar con ellos, al escucharles, y por respetar sus opiniones.

g. *Debemos permitir que tengan faltas, que cometan errores, que fallen sin acosarlos ni darles la impresión que no serán aceptados a menos que sean perfectos* (Ef. 4.1, 2; Col. 3.12- 14; 1 P. 4.8; 2 Ti. 2.24, 25). El hogar, para el niño, debe ser un lugar seguro; un lugar donde será comprendido y ayudado, donde nadie se burlará de él ni se reirá de sus fallas y debilidades, un lugar donde las personas quizá no estén de acuerdo con él pero que igualmente lo aceptarán y respetarán, un lugar donde será alentado y se le curarán sus heridas, un lugar donde la gente realmente se preocupa por él.

h. *Debemos hacerles conocer nuestras expectativas, reglas y reglamentos.*

1) Dios deja bien en claro sus expectativas en su Palabra. No es necesario desconocer o tener dudas acerca de sus deseos en cuanto a lo que El desea de nosotros.

2) Del mismo modo debemos tratar con nuestros hijos. Ignorar lo que sus padres esperan de ellos puede ser una experiencia alarmante y frustrante para los hijos. Cuando esto ocurre, nunca están seguros de que están haciendo lo que debieran hacer. Ni tampoco pueden estar seguros de que no recibirán castigo por no haber algo que no sabían que tenían que hacer. Los hijos no pueden leer nuestras mentes. Los límites y las expectativas deben estar claramente delineados, pues estos le proporcionarán seguridad y una estructura. La ausencia de los mismos promueve la inseguridad, la frustración, la hostilidad y el resentimiento. (Estudie el libro de Proverbios donde un padre le hace conocer a sus hijos sus consejos y expectativas.)

i. *Debemos reconocer nuestros errores, pedirles perdón cuando les hemos fallado, y procurar hacer restitución* (Stg. 5.16; Mt. 5.23, 24; Pr. 16.2; 21.2).

j. *Debemos facilitarles el acercamiento a nosotros con sus problemas, dificultades y preocupaciones.*

1) Aprenda a ser buen escucha cuando sus hijos deseen hablar. En lo posible esté a su disposición. Déles su total atención a menos que esto sea imposible.

2) Evite adivinar lo que piensan, o interrumpirles o criticarles. Trate de interesarse de verdad en lo que a ellos les interesa. Ellos se dan cuenta si usted les está escuchando de verdad o no. Si no les da su total atención o si a menudo los ignora cuando desean hablarle pronto dejarán de intentarlo. Ellos interpretarán que usted no tiene interés en ellos. Tal estado de cosas es devastador para su relación con sus hijos, pero lo que es más serio es que esta situación le impedirá cumplir las

metas que Dios le ha dado como padre. Efesios 6.4 dice que la meta de los padres para sus hijos debe ser criarlos en el Señor. También indica que para hacer esto debemos evitar provocarlos a ira. Esta es la primera parte de la estrategia de Dios para una crianza efectiva de los hijos.

B. La segunda parte de la estrategia de Dios en la crianza de los hijos se encuentra en las palabras "en disciplina y amonestación del Señor".

1. La palabra griega traducida "disciplina" significa literalmente "inculcar en la mente".

   a. Los padres, por tanto, deben criar a sus hijos inculcando algo en sus mentes.

   b. ¿Qué es lo que deben inculcarles? Pues, la instrucción, el consejo o la amonestación del Señor que se encuentra en la Palabra de Dios.

   c. Jay Adams ha dicho que esto significa que el niño "debe ser alcanzado en su corazón con la Palabra de Dios. Es este mensaje que habla de un Dios de amor que vino y se dio a sí mismo por su pueblo que debe llegar en primer lugar al corazón de nuestros hijos, llevándolos al arrepentimiento y a la fe. Los padres deben guiarlos al arrepentimiento, a la convicción de pecado, al Salvador. Y luego deben continuar mostrándoles lo que El desea y motivarles. . ." (*Vida cristiana en el hogar*, p. 122).

2. *Dios tiene algo que decir acerca de todas las áreas de verdad y vida en su Palabra.*

   a. En su Palabra Dios hace importantes declaraciones acerca de Dios y el hombre, acerca del pecado y la salvación, acerca de la persona y la obra de Jesucristo, acerca de la persona y la obra del Espíritu Santo, acerca del cielo y del infierno, acerca de la creación y la providencia, de los ángeles y los demonios, del pasado, presente y futuro, de la regeneración, elección, redención, salvación, arrepentimiento y fe, acerca de la santificación, y una gran cantidad de otras doctrinas teológicas. Nuestros hijos deben conocer estas doctrinas, y *es nuestro privilegio y responsabilidad como padres exponer estas doctrinas según nuestro entendimiento y su capacidad de recibirlas.*

   b. Sin embargo, en la Biblia Dios no sólo hace impor-

tantes declaraciones acerca de profundas doctrinas
teológicas; también da instrucción y principios para
guiarnos en todas las áreas de la vida. En la Biblia,
Dios nos da principios para ayudarnos a saber cómo
relacionamos con otras personas, como controlar y
utilizar nuestras emociones, cómo utilizar nuestro
tiempo y dinero, cómo enfrentar y resolver problemas, cómo hacer decisiones, cómo vencer a la ira
pecaminosa, el resentimiento, cómo tener un buen
matrimonio, cómo hacer amigos, cómo responder
cuando somos maltratados, cómo trabajar, cómo llegar a ser comunicadores efectivos, cómo vestirnos,
cómo ser buenos padres, cómo establecer valores y
normas correctas, cómo orar, cómo estudiar la Biblia
y cómo hacer una gran cantidad de otras cosas. La
Biblia es el libro más práctico del mundo, y es nuestro privilegio y responsabilidad criar a nuestros hijos
inculcando en sus mentes estas verdades.

3. No estoy diciendo con esto que nosotros personalmente
debamos dar toda la enseñanza.

 a. En verdad, podemos y debemos utilizar todos los
recursos de la Iglesia y aun recurrir a cristianos que
no son de nuestra Iglesia para que nos ayuden en esta
tarea. Podemos y debemos poner en las manos de
nuestros hijos buena literatura cristiana. Podemos en-
viar a nuestros hijos a una escuela cristiana donde la
enseñanza bíblica les será dada diariamente.

 b. Pero aunque utilicemos todos estos recursos debemos comprender que en última instancia la responsabilidad de criar a nuestros hijos para que conozcan
las Escrituras no es de la iglesia o la escuela sino
nuestra como padres, y especialmente recae sobre el
padre como cabeza del hogar. Como padres somos
responsables de criar a nuestros hijos inculcando en
sus mentes la amonestación, el consejo, y la corrección de la Palabra de Dios.

 1) Es *por medio de las Escrituras que los hombres
son hechos sabios para la salvación* por medio
de Jesucristo (2 Ti. 3.15). "La fe viene por el oír,
y el oír por la Palabra de Dios" (Ro. 10.17).

 2) Es *por medio de las Escrituras* que los hombres
son enseñados, reprendidos, corregidos, son insti-

tuidos en rectitud, *son hechos maduros*, y totalmente capacitados para toda buena obra (2 Ti. 3.16, 17).

3) El medio que utiliza Dios para salvar a las gentes y transformarlas en la semejanza de Jesucristo (madurar) es la amonestación e instrucción en la Palabra de Dios. Por lo tanto, si como padres honestamente deseamos criar a nuestros hijos, guiándolos hacia la madurez espiritual, debemos vigilar de que la verdad de la *Palabra de Dios sea inculcada en sus mentes.* De ser posible, debemos procurar darles a nuestros hijos una buena educación académica, pero más importante que eso es instruirles en el consejo y amonestación de la Palabra de Dios. Debemos instruirles por medio de enseñanza formal e informal, por preceptos, principios, e ilustraciones, pero en especial por nuestro ejemplo práctico, consecuente, pío. Esta es la segunda parte de la estrategia de Dios en la crianza de los hijos. No puede ser ignorada sin causarle daño a nuestros hijos.

C. Una tercera parte en la estrategia en la crianza de los hijos está contenida en las palabras "en la amonestación del Señor".

1. Contrariamente a lo que muchos piensan, mayormente los que no tienen hijos propios o no se ocupan mucho de ellos, los niños no son angelitos.

   a. Como señalamos anteriormente, las Escrituras afirman que "el muchacho consentido avergonzará a su madre" (Pr. 29.15).

   b. Esto ocurre porque "la necedad está ligada en el corazón del muchacho" (Pr. 22.15). Son "por naturaleza, hijos de ira" (Ef. 2.3). Se han apartado (de Dios y del camino de rectitud) "desde la matriz (Sal. 58.3; 51.5).

   c. Los niños no hacen lo correcto por naturaleza, ni tampoco están impacientes por escoger lo bueno y santo. En verdad, es todo lo contrario.

2. En consecuencia, para ayudarles a escoger correctamente y aprender a hacer lo bueno y vivir rectamente, Dios dice que necesitan ser disciplinados.

   a. La disciplina se refiere a la enseñanza obligada, o

con estructura, o bien enseñanza que se grabe en sus
mentes.

b. Dios dice: "Si quieren que sus hijos crezcan bien,
   tendrán que lograr que obedezcan. Habrá ocasiones
   cuando se opondrán a las cosas que son para su bien.
   En esos casos tendrán que utilizar la disciplina para
   motivarlos a hacer lo correcto."

3. Es importante notar que *hay sólo una clase de disciplina
   que debemos utilizar en la crianza de nuestros hijos.*
   Debemos criarlos *"en la disciplina del Señor"*.

   a. La disciplina del Señor es la que enseña la Biblia.
      Una lectura cuidadosa del libro de Proverbios revela
      que está repleto de instrucciones prácticas sobre este
      asunto. De modo que la disciplina del Señor sería la
      que se manda en el libro de Proverbios. Ese gran
      libro no sólo contiene algunas de las ideas del hom-
      bre acerca de la disciplina, sino la verdad de Dios en
      cuanto a la verdadera disciplina.

   b. Además, la disciplina del Señor se refiere a la clase
      de disciplina que Dios utiliza para con sus hijos. He-
      breos 12 indica que Dios disciplina a todos los que
      en verdad son sus hijos por la fe en Jesucristo.

   c. Teniendo en cuenta estos dos pensamientos, llega-
      mos a la conclusión que criar a nuestros hijos en la
      disciplina del Señor significa que les aplicamos la
      clase de disciplina que Dios aplica a los cristianos, o
      bien la disciplina que El manda en su Palabra.

4. Debido a la abundancia de material bíblico sobre el
   tema de la disciplina, no podemos tratarlo de manera
   exhaustiva en este manual. A continuación damos una
   lista a modo de bosquejo de algunos principios que
   creo están involucrados en el ejercicio de la disciplina
   según Dios.

   a. *Los límites para los hijos deben estar claramente
      establecidos* (Pr. 29.15; Ex. 20.1-17).

   b. *Evite el peligro de reglas no anuncios.*

   c. *Asegúrese de que los hijos comprendan sus normas y
      reglamentos.* Escriban las que sean permanentes. Pí-
      danle a los niños que expliquen cómo entienden estas
      normas.

   d. *No les den demasiados reglamentos* (cp. Ex. 20.1-
      17; Mt. 22.34-40).

e. *Eviten dictar normas severas e inamovibles acerca de cosas triviales.*

f. *No dicten normas que sus hijos no puedan cumplir.*

g. *Tengan cuidado de no estar constantemente moviendo los límites o de cambiar las normas y reglamentos.* Si esto ocurre frecuentemente, su hijo estará inseguro y comenzará a dudar de la validez de todos sus reglamentos. Dios es consecuente y nosotros también debemos serlo.

h. *No formen el hábito de hacer reglamentos arbitrario.* En todo lo posible expliquen a sus hijos el motivo que les impulsa a imponer cada reglamento. (Por supuesto, que los niños muy pequeños quedan exceptuados de esto.) Dios no está obligado a dar razones por lo que El nos pide y sin embargo, a menudo lo hace (ver Ef. 6.1, 2). No permitan que sus hijos discutan acerca de sus razones y les falten el respeto. Después de enunciar sus razones quizá ellos no estén de acuerdo. Sin embargo, sabrán que ustedes no actúan arbitraria o caprichosamente.

i. *Procuren establecer sus normas y reglamentos sobre principios bíblicos.*

j. *Recuerden que las normas y reglamentos son para el bien de sus hijos.* Necesitan límites para darles seguridad, para ayudarles a aprender a distinguir entre lo bueno y lo malo. Jamás llegarán a ser personas disciplinadas, discípulos de Cristo, sin estructuras en sus vidas.

k. *No hagan reglamentos que no puedan imponer.*

l. Toda vez que sea posible, *díganles no sólo lo que esperan de ellos sino demuéstrenselo.*

m. *Infundan la idea de que esperan una obediencia inmediata.*

n. *Cuando se violan las normas, administren el castigo necesario.*

1) *Cuando los niños son pequeños el principal* (aunque no el único) *modo de castigo será la vara literal* (cp. Pr. 13.24; 22.15; 23.13, 14; 29.15.) La vara es una forma misericordiosa de disciplina porque se administra rápidamente. La lección se aprende rápidamente, y de inmediato siguen los abrazos y los besos, y la reconciliación y restau-

ración de las relaciones normales se logra con poca demora.

2) Hay, sin embargo, otras formas legítimas de disciplina. A veces *una forma de disciplina que esté más de acuerdo con un acto de desobediencia en particular será la forma más sabia.* Dios no siempre nos castiga de la misma forma. El acomoda el castigo a nuestra necesidad.

3) *El castigo debe ser administrado con instrucción* (Pr. 29.15).

4) *El castigo debe ser administrado previo acuerdo de los padres.* Los hijos deben saber que sus padres están de acuerdo. Si sienten que uno de los padres es "blando" y que el otro es "estricto" los resultados pueden ser desastrosos.

5) *La disciplina debe ser administrada en forma consecuente.* Como padres no debemos castigar a los hijos por algo en una ocasión e ignorarlo cuando hacen lo mismo en otra circunstancia. La disciplina no producirá crecimiento ni corrección a menos que sea consecuente. Si una acción es considerada errónea una vez, lo será también, la segunda, la tercera y aun la décima vez, a no ser, por supuesto, que usted comprenda que su norma estaba equivocada.

6) *El castigo debe ser administrado con la suficiente fuerza como para desalentarlos a desobedecer nuevamente.* La disciplina debe ser lo suficientemente severa para ser recordada pero no tanto como para dañar a los hijos (Pr. 23.13, 14).

7) *La disciplina debe administrarse con un corazón de amor* (Pr. 13.24; 1 Co. 16.14; Ap. 3.19). A propósito, el amor y la ira no necesariamente son opuestos (ver Ef. 4.26, 32). La ira pecaminosa, descontrolada y el amor sí son incompatibles (Ef. 4.31, 32; 1 Co. 13.4). Sin embargo, la ira controlada y el amor genuino pueden morar en el mismo corazón al mismo tiempo y estar dirigidos hacia la misma persona. Es legítimo enojarnos con nuestros hijos por desobediencla genuina. Al mismo tiempo, no debemos expresar ese enojo en maneras pecaminosas (con gritos, alaridos, con

rencor, irritabilidad, etc.) sino siempre en forma cariñosa por el bien de nuestros hijos.

5. Recuerde lo que dice la Escritura: "El muchacho consentido avergonzará a su madre". Pero más que eso, el niño consentido, sin disciplina, no crecerá natural y automáticamente para llegar a ser como Jesucristo. "No, no", dice Dios. "Para lograr eso los hijos tienen que ser criados en la disciplina del Señor".

IV. Conclusión.

A. Bien, hemos esbozado una filosofía bíblica de la crianza de los hijos. Una filosofía para la crianza de los hijos significa que:

1. El padre ha de ser la autoridad máxima en el hogar.

2. La meta principal para los padres con referencia a los hijos es guiarlos hacia la madurez en Cristo.

3. Los padres deben evitar exasperar a sus hijos y no provocarlos a ira; deben procurar criar a sus hijos en la disciplina e instrucción del Señor.

B. Esa es una filosofía bíblica para la crianza de los hijos y la recomiendo para que la adopten para su familia.

1. Lo principal e importante es que críen a sus hijos de esta forma porque es el plan de Dios. Si son cristianos, su Dios y Salvador les manda criar a sus hijos de esta manera. El no hacerlo constituye una desobediencia a su Dios.

2. En segundo lugar, deben adoptar este plan porque será para el bien de toda su familia. Será bueno para la esposa, el esposo y los hijos.

3. Tercero, deben adoptar este plan porque al hacerlo sus hijos ya no serán una cuña entre usted y su esposa, sino un lazo que los unirá aún más íntimamente. El propósito revelado por Dios para su matrimonio es que los dos sean una carne. Deben experimentar unidad en cada área de su vida y esto incluye a los hijos. Ustedes pueden desarrollar una genuina unidad en la crianza de los hijos y procurando implementarlo. Recuerden que no es una forma entre muchas. Es la única manera para el cristiano.

Lectura adicional correspondiente al Capítulo 7

Vida cristiana en el hogar, Jay Adams, capítulos 1 a 8.
Capacitado para orientar, Jay Adams (Editorial Portavoz).
No rehuses corregir, Bruce Ray (C.L.I.E.).
La familia auténticamente cristiana, Guillermo D. Taylor, capítulo 8.

Preguntas para estudiar y promover el diálogo, correspondientes al Capítulo 7

DESARROLLANDO A UNIDAD MEDIANTE UNA FILOSOFÍA COMÚN
CON RESPECTO A LA CRIANZA DE LOS HIJOS

Debe ser completado por los esposos en conjunto

A. Indiquen algunos rasgos de carácter que piensan debieran los padres procurar desarrollar en sus hijos.

    1. _____

    2. _____

    3. _____

    4. _____

    5. _____

    6. _____

B. Indiquen algunas áreas que enfatizan los padres a las cuales ustedes creen que no se les debería dar tanta importancia.

    1. El dinero.

    2. La ropa.

    3. _____

    4. _____

    5. _____

    6. _____

    7. _____

C. Lean los siguientes versículos y anoten qué rasgos de carácter Dios desea ver en los niños.

   1. Efesios 6.1 _____

   2. Efesios 6.2 _____

   3. 1 Juan 4.7 _____

   4. Filipenses 2.4 _____

   5. Mateo 22.37 _____

   6. Hechos 20.35 _____

   7. Efesios 4.25 _____

   8. 2 Corintios 8.21 _____

   9. Proverbios 12.22 _____

  10. Hebreos 11.6 _____

  11. Gálatas 5.22, 23 _____

  12. Lucas 2.52 _____

  13. Proverbios 1.5 _____

  14. Proverbios 23.12 _____

  15. Jueces 13.24 _____

  16. 1 Samuel 2.26 _____

  17. Efesios 4.26, 27 _____

  18. Efesios 4.32 _____

  19. Proverbios 12.24; 13.4 _____

  20. Proverbios 13.3 _____

  21. Proverbios 16.5; 17.19; 18.12 _____

22. Proverbios 17.17 _____

23. Proverbios 16.32 _____

D. Evalúen a sus hijos a la luz de la lista confeccionada bajo el punto C.

Nombre del hijo	*Areas de mayor necesidad*
Hijo Nº 1 _____	a. _____
	b. _____
	c. _____
	e. _____
	f. _____
Hijo Nº 2 _____	a. _____
	b. _____
	c. _____
	e. _____
	f. _____
Hijo Nº 3 _____	a. _____
	b. _____
	c. _____
	d. _____
	e. _____
	f. _____
Hijo Nº 4 _____	a. _____
	b. _____
	c. _____
	d. _____
	e. _____
	f. _____

E. Hagan una lista de los pasos que tomarán (cosas que harán) para desarrollar estas características en sus hijos. (Estudien Fil. 4.9; 2 Ti. 1.5; 3.15; Pr. 1.8-9; 7.1-5; Dt. 6.4-9; He. 12.5-11; 1 S. 3.12; Pr. 3.11, 12; 1 Ti. 4.12; Ecl. 8.11; Ef. 6.4; Pr. 29.15; Jos. 24.15; Gn. 18.19; Dt. 16.11; Ex. 20.8-11.)

1. _____

2. _____

3. _____

4. _____

5. _____

6. _____

7. _____

8. _____

9. _____

10. _____

11. _____

12. _____

F. Estudien el libro de Proverbios y anoten todo lo que dice acerca de la relación padres-hijos. Noten en qué aspectos están fallando y busquen la ayuda de Dios para corregirlos.

1. _____

2. _____

3. _____

4. _____

5. _____

6. _____

7. _____

8. _____

9. _____

10. _____

11. _____

12. _____

13. _____

14. _____

15. _____

16. _____

17. _____

18. _____

19. _____

20. _____

21. _____

22. _____

23. _____

24. _____

25. _____

Tomen especial interés en las necesidades de sus hijos. Examinen sus propias vidas y procuren ser buenos ejemplos; denles una correcta instrucción bíblica acerca de los deseos y mandamientos de Dios; oren para que Dios les ayude a ustedes y a sus hijos; pídanle perdón a Dios y a sus hijos por sus fallas.

G. Examinen la disciplina que están aplicando a sus hijos. ¿En verdad los están disciplinando? ¿Les están ayudando a ser discípulos o seguidores de Jesucristo que practican el auto-control? Dialoguen sobre estos temas y anoten sus respuestas a las siguientes preguntas:

1. ¿Cuáles son los deberes y responsabilidades de sus hijos? ¿Tienen ustedes una imagen clara de lo que esperan de ellos? ¿Lo tienen claro ellos? *Una lista* con instrucciones específicas y claras será de mucha ayuda para ustedes y también para sus hijos.

2. ¿Cuáles son sus reglas, penalidades y procedimientos disciplinarios? ¿Ustedes saben cuáles son? ¿Sus hijos los conocen? ¿Son claros? ¿Son justos? ¿Se los comunican a sus hijos? ¿Son demasiados? ¿Muy pocos? ¿Arbitrarios? ¿Los administran consecuentemente, con amor, reprendiendo e instruyendo en el temor de Dios? Nuevamente les recomendamos, *una lista* con instrucciones claras y precisas será de mucha ayuda para ustedes y para sus hijos. Para que la disciplina sea efectiva, los hijos deben saber qué se espera de ellos, qué ocurrirá si no obedecen, y por qué sucederá así. Deben explicarles las reglas a sus hijos.

Deben pedirles sugerencias y reacciones. Si las sugerencias parecen valiosas deben ser incluidas en la redacción final de este código de conducta. Entonces la lista debe ser colocada en lugares apropiados como recordatorio a todos los involucrados. (Si desean mayor información sobre la teoría y la mecánica de hacer un código de conducta, lean *Capacitado para orientar* de Jay Adams o *Vida cristiana en el hogar* del mismo autor.)

Deberes, responsabilidades   *Método y procedimiento de*
y reglas   *disciplina correctiva*

1. _____   _____

2. _____   _____

3. _____   _____

4. _____   _____

5. _____   _____

6. _____   _____

7. _____   _____

8. _____   _____

9. _____   _____

10. _____   _____

H. Hagan una lista de las áreas donde usted y su esposo/a están en
   desacuerdo en cuanto a la disciplina. Busquen una solución bíblica a
   estos conflictos y comprométanse a actuar como una sola persona.

   1. _____

   2. _____

   3. _____

   4. _____

   5. _____

   6. _____

   7. _____

I. Hagan una lista de las áreas en que usted y su cónyuge han sido
   buenos ejemplos para sus hijos, y luego anoten las áreas en las
   que no lo han sido.

Buen ejemplo	Mal ejemplo
1. _____	_____
2. _____	_____
3. _____	_____
4. _____	_____
5. _____	_____

J. Seleccionen áreas en que su cónyuge ha sido un buen ejemplo y de tanto en tanto hágale notar a sus hijos alguna de estas cualidades.

1. _____
2. _____
3. _____
4. _____
5. _____
6. _____
7. _____

K. Seleccionen áreas en las que desean ser un mejor ejemplo y comiencen a procurar lograrlo. Pídale a su cónyuge que ore con usted acerca de las áreas en que desea mejorar.

1. _____
2. _____
3. _____
4. _____
5. _____

M. Estudien 1 Corintios 13.4-7 y evalúen su relación con cada hijo a la luz de los distintos ingredientes del amor.

Por ejemplo: ¿Mi amor por Carlitos es realmente sufrido? ¿En qué ocasión no lo fue? ¿Soy realmente bueno con él? ¿Cuándo no lo he sido?

1. Anoten las áreas en que han sido injustos con cada hijo.

   a. _____

   b. _____

   c. _____

   d. _____

   e. _____

2. Si han sido injustos con su hijo pídanle perdón.

3. Indiquen las distintas formas en que demuestran amor por sus hijos.

   a. _____

   b. _____

   c. _____

   d. _____

   e. _____

   f. _____

   g. _____

N. Hagan una lista de las cosas que aprecian en cada hijo. Expresen su aprecio.

   1. _____

   2. _____

   3. _____

   4. _____

   5. _____

O. Estudien Deuteronomio 6.4-9.

   1. Indiquen las responsabilidades de los padres mencionadas en este pasaje.

    a. _____

    b. _____

    c. _____

    d. _____

    e. _____

    f. _____

2. Este pasaje fomenta la educación cristiana formal e informal, la estructurada y la no estructurada.

    a. ¿Cómo le enseñan a sus hijos doctrina, normas, valores y principios cristianos en forma informal?

        1) _____

        2) _____

        3) _____

        4) _____

        5) _____

        6) _____

        7) _____

        8) _____

        9) _____

        10) _____

    b. ¿Cómo le enseñan a sus hijos la Palabra de Dios formal o estructuradamente?

        1) _____

        2) _____

        3) _____

        4) _____

        5) _____

        6) _____

        7) _____

c. Un método de enseñanza estructurada es el devocional familiar. ¿Lo practican? Si no lo hacen, ¿por qué no deciden comenzar a hacerlo ya? ¿Cómo lo harán? O ¿cómo lo están haciendo? ¿Cuándo? ¿Dónde? ¿Qué ayudas utilizarán? o ¿cuáles están usando? ¿Qué elementos incluirán o incluyen? ¿Cómo pueden lograr tener variedad? ¿Cómo harán que sus hijos participen? Consulten con otros cristianos. Lean libros. Oren acerca del devocional familiar. Evalúenlo y dialoguen sobre el tema. Anoten sus ideas. (Algunos libros devocionales para los niños son: *Meditaciones para la hora devocional* de Kenneth Taylor y *La Biblia en cuadros para los niños* de Kenneth Taylor (ambos títulos publicados por Editorial Portavoz).

1) _____

2) _____

3) _____

4) _____

5) _____

6) _____

7) _____

8) _____

9) _____

10) _____

P. Estudie la siguiente lista de sugerencias para la crianza de los hijos. Dialogue acerca de ellos con su cónyuge. Busquen las referencias en las Escrituras. Evalúen la forma en que crian a sus hijos en base a esta lista. Marquen los principios en que están débiles o fallando. Pongan en oración estas áreas y traten de mejorar con la ayuda de Dios. La pertinencia de algunos de los textos citados para sustanciar las sugerencias será más evidente si se tiene presente la relación que los cristianos tienen con Dios como hijos a Padre celestial (He. 12.5-10).

1. Oren por su hijo antes de que nazca y sigan orando por él después (1 S.1.11, 27, 28; Sal. 71.6; Gá. 1.15; 2 Ti. 1.5).
2. Examinen las expectativas que tienen de su hijo. ¿Son realistas? Evalúenlas a la luz de la Biblia (Gn. 33.12-14; 1 Co. 13.11; Mt 18.10).
3. Amenlo incondicionalmente (Dt. 7.7; 1 Jn. 4.19; 4.10).
4. Busquen oportunidades para elogiarlo. Exprésenle su aprecio con frecuencia (Fil. 1.3; 1 Ts. 1.2; 2 Ts. 1.3).
5. Traten de no criticar antes de expresar su aprecio por sus puntos positivos (1 Co. 1.3-13).
6. Déjenle libertad para tomar decisiones cuando no se trate de asuntos serios. Su meta debe ser guiar a sus hijos hacia la madurez en Cristo y a no depender de ustedes (Pr. 22.6; Col. 1.27, 28; Ef. 4.13-15; 6.4).
7. No lo comparen con otros (Gá. 6.4; 2 Co. 10.12, 13; 1 Co. 12.4-11).
8. Nunca se rían ni se burlen de él. No lo desprecien. Cuídense de llamarlo torpe, tonto o estúpido (Mt. 7.12; Ef. 4.29, 30; Col. 4.6; Pr. 12.18; 16.24).
9. No lo reprendan innecesariamente delante de otros (Mt. 18.15).
10. Nunca hagan amenazas ni promesas que no pretendan cumplir (Mt. 5.37; Stg. 5.12; Col. 3.9).
11. No tengan miedo de decir "no" y cuando lo hagan que sea en serio (Gn. 18.19; Pr. 29.15; 22.15; 2 S. 3.13).
12. Cuando su hijo tiene un problema o es un problema, no reaccionen en forma exagerada ni se descontrolen. No le griten, ni levanten la voz, ni vociferen (Ef. 4.26, 27; 1 Co. 16.14; 2 Ti. 2.24, 25).
13. Comuniquen optimismo y expectativa. No comuniquen por palabra o acción que se han dado por vencido y se resignan a que su hijo sea un fracaso (Flm. 21; 2 Co. 9.1, 2; 1 Co. 13.7).
14. Asegúrense de que su hijo sabe exactamente lo que esperan de él. La mayor parte del libro de Proverbios consiste en consejos específicos de un padre a su hijo.
15. Consúltenlo. Inclúyanlo en algunos diálogos sobre actividades familiares (Ro. 1.11, 12; 2 Ti.4.11; 1 Ti. 4.12; Jn. 6.5).

16. Cuando se equivoquen con su hijo admíranlo, y pídanle perdón (Mt. 5.23, 24; Stg. 5.16).
17. Tengan reuniones familiares donde consideren:
    a. Las metas de la familia.
    b. Los proyectos de familia.
    c. Las vacaciones.
    d. El devocional familiar.
    e. Los deberes de cada uno.
    f. La disciplina.
    g. Las quejas.
    h. Las sugerencias.
    i. Los problemas.
    Animen a su hijo a contribuir en todo esto (Sal. 128; Stg. 1.19).
18. Evalúen sus áreas fuertes y aliéntenlo a desarrollarlas. Comiencen con una y anímenlo a desarrollar plenamente esta área (2 Ti. 1.6; 4.5; 1 P. 4.10).
19. Denle mucho cuidado tierno y cariñoso. Exprésenle libremente su amor por él mediante palabras y hechos (1 Co. 13.1-8; 16.14; Jn. 13.34, 35; 1 Ts. 2.7, 8).
20. Cuando su hijo hace algo bien elógienlo. En especial, háganle saber cuando su actitud y esfuerzo son lo que deben hacer (1 Ts. 1.3-10; Fil. 1.3-5; Col. 1.3, 4; Ef. 1.15).
21. Preocúpense más por las actitudes y el carácter cristiano que por su desempeño, habilidades atléticas, vestimenta, belleza exterior o inteligencia (1 S. 16.7; Gá. 5.22, 23; 1 P. 3.4, 5; Pr. 4.23; Mt. 23.25-28).
22. Disfruten mucho con su hijo. Planifiquen muchos momentos de diversión y actividades especiales con sus hijos. Hagan una lista de cosas que pueden disfrutar en familia (Pr. 5.15-18; Ef. 6.4; Col. 3.21; Ecl. 3.4; Lc. 15.22-24; Pr. 15.13; 17.22).
23. Ayúdenle a su hijo a aprender responsabilidad administrando la disciplina en forma justa, consecuente, inmediata y con cariño (Pr. 13.24; 1 S. 3.13; Pr. 19.18; Pr. 22.15).
24. Consideren a su hijo como una persona que está creciendo y se está desarrollando además como ser humano. Consi-

deren la tarea de criar hijos como un proceso que toma muchos años para completar (Ef. 6.4; Pr. 22.6; Gá. 6.9; 1 Co. 15.58; Is. 28.9, 10).

25. Sean consecuentes con sus convicciones. Sus hijos aprenderán más al observar su ejemplo que por escuchar sus palabras (Dt. 6.4-9; 1 Ts. 2.10-12; Fil. 4.9; 2 Ti. 1.5-7).

26. Reconozcan que son responsables de preparar a su hijo para vivir en este mundo y en el venidero (Ef. 6.4; Dt. 6.4-9; Sal. 78.5-7; 2 Ti. 3.15-17).

27. Sean muy sensibles a las necesidades, sentimientos, temores y opiniones de su hijo (Mt. 18.10; Col. 3.21).

28. Traten a su hijo mostrando que es importante para ustedes y que lo aceptan (Mt. 18.5, 6).

29. Eviten el uso de palabras airadas o exasperadas (Pr. 15.1; Ef. 4.31, 32).

30. Mantengan la práctica de leer la Biblia diariamente comentándola, y de orar (Dt. 6.4-9; 2 Ti. 3.15; Ef. 6.4; Sal. 1.1-30; 78.5-8; 119.9-11).

31. Como familia deben estar totalmente comprometidos con una iglesia bíblica (He. 10.24, 25; Ef. 4.11-16).

32. Hagan que su hogar sea un centro de hospitalidad cristiana donde su hijo tenga frecuentes contactos con muchos cristianos (Ro. 12.13; He. 13.1, 2; 2 R. 4.8-37).

33. Facilítenle a su hijo el acercarse a ustedes con sus problemas, dificultades, y preocupaciones. Aprendan a escuchar. Cuando los necesita denle su total atención. Eviten tratar de leer su mente o interrumplirlo o criticarlo. Demuestren interés en todo lo que le interesa a su hijo, pero procuren guiar esos intereses en buen camino. Estén disponibles cuando él les necesite (Stg. 1.19-20; 3.13-18; Is. 3.16-18; 1 Co. 9.19-23; Fil. 2.3, 4).

34. Procuren guiar a su hijo a un conocimiento de Jesucristo que lo lleve a la salvación. Ocúpense intensamente para lograr que su hijo llegue a Cristo. Hagan todo lo posible para ganar a su hijo para Cristo. Por supuesto que Dios es el que lo salvará, lo convencerá, producirá en él el arrepentimiento y la fe. Sin embargo, ustedes deben proveer el ambiente en el que Dios puede salvar mediante sus oraciones, lenguaje y ejemplo píos, el devocional diario y el

compromiso con una verdadera iglesia bíblica (2 Ti. 3.14-17; 2 Ti. 1.5-7; Ef. 6.4; Dt. 6.4-9; Mr. 10.13, 14; Ro. 10.13-17; 1 Co. 1.18-21).

Q. Las siguientes son algunas preguntas adicionales para considerar:

1. ¿Por qué desea tener hijos?

2. ¿Cuántos hijos desea tener? ¿Cuándo? ¿Con cuánta diferencia de años entre uno y otro?

3. ¿Cuáles debieran ser sus objetivos principales en la crianza de los hijos?

4. ¿Cuáles son sus metas como familia?

5. ¿Cuáles son los problemas más grandes que los padres enfrentan en la crianza de los hijos?

6. ¿En qué proyectos se podrían involucrar como familia?

7. ¿Cómo puede su familia ministrar efectivamente a sus amigos y vecinos?

8. ¿Qué pueden hacer para desarrollar relaciones familiares más fuertes y llegar a ser más amigos?

9. ¿Cómo pueden hacer para tener momentos especiales ustedes dos solos y también con los hijos?

10. Dialoguen sobre las normas que deben tener como familia. ¿Cómo deciden lo que está bien o mal para su familia?

11. ¿Cómo pueden los padres guiar a sus hijos a la madurez y prepararlos para dejar el hogar sin perder el control sobre ellos?

12. En qué diferían los padres de su cónyuge y los suyos en cuanto a su forma de criar a los hijos? ¿Sus propios conceptos son una reacción contra los de sus padres o una prolongación de los mismos? ¿Ha considerado seriamente sus conceptos para ver si en verdad son bíblicos o no?

13. ¿Cómo pueden los que su hogar sea un lugar de alegría, un refugio seguro donde sus hijos se sientan cómodos?

CAPITULO 8

Cómo promover y mantener la unidad
en el matrimonio mediante la religión familiar

A. Describan lo que los siguientes versículos dicen acerca de la religión familiar.

1. Génesis 18.19 _____

2. Exodo 12.21, 24-28 _____

3. Exodo 20.8-10 _____

4. 2 Samuel 6.20 _____

5. Josué 24.15 _____

6. Hechos 16.15 _____

7. Hechos 21.8, 9 _____

8. 1 Corintios 16.15 _____

9. 2 Timoteo 4.19 _____

10. Romanos 16.10-13 _____

B. Indiquen según los siguientes versículos cómo una familia puede servir a Dios como tal.

1. Deuteronomio 16.11, 14 _____

2. Deuteronomio 29.10, 11 _____

3. Josué 8.34, 35 _____

4. Hechos 10.24-33 _____

5. Romanos 16.15 _____

6. 1 Corintios 16.15 _____

7. Hechos 18.24-28 _____

8. 3 Juan 1-6 _____

9. Marcos 2.14, 15 _____

10. Hebreos 13.2 _____

11. Mateo 25.34-36 _____

12. 1 Pedro 3.7 _____

C. Hagan una lista de las formas en que su familia servirá a Cristo.

1. _____

2. _____

3. _____

4. _____

5. _____

6. _____

7. _____

8. _____

9. _____

10. _____

D. Planifiquen cómo y cuándo comenzarán a hacerlo (el momento más propicio y la estrategia).

    1. ¿Cuándo?

                Fecha   Actividad

        a. _____   _____

        b. _____   _____

        c. _____   _____

        e. _____   _____

        f. _____   _____

        g. _____   _____

    2. ¿Cómo?

        a. Actividad   Estrategia

        _____   _____

                       _____

                       _____

                       _____

                       _____

                       _____

        b. Actividad   Estrategia

        _____   _____

                       _____

                       _____

                       _____

                       _____

c. Actividad   Estrategia

_____   _____

                       _____

                       _____

                       _____

                       _____

                       _____

d. Actividad   Estrategia

_____   _____

                       _____

                       _____

                       _____

                       _____

                       _____

Conclusión

El matrimonio es una relación humana singular. Las buenas relaciones entre amigos son experiencias hermosas y enriquecedoras. Las buenas relaciones de padres e hijos están enfatizadas a través de las Escrituras por medio de preceptos, ilustraciones y ejemplos. Sin embargo, ninguna otra relación humana debe recibir la atención que tiene el matrimonio ni proveer la satisfacción de éste.

El matrimonio fue ordenado por Dios como una relación singular para un propósito singular para proveer una satisfacción singular en el contexto de una intimidad también singular. "Por tanto, dejará el hombre a su padre y a su madre, y se unirá a su mujer, y *serán una sola carne*" (Gn. 2.24).

El propósito establecido por Dios para el matrimonio es una unidad profunda y total y puede ser una realidad gloriosa aquí y ahora.

1. No ocurrirá *todo a la vez*. Es una experiencia que se va profundizando y expandiendo.

2. No sucederá *una vez para siempre*. Toda relación interpersonal tiene sus altibajos y requiere esfuerzo y atención continuos.

3. No ocurrirá sencillamente por ejercer fuerza de voluntad. Quizá ya ha descubierto esto. Quizá ha estudiado este manual y procurado implementar lo que ha aprendido, y falló. Posiblemente esté listo a decir que todo suena muy lindo pero que es imposible.

Pues bien, si piensa así, tiene razón, porque es absolutamente imposible que un hombre o una mujer experimenten una unidad genuina, bíblica, sin el poder regenerador y santificador de Jesucristo. Por naturaleza somos orgullosos, tercos, rebeldes, débiles y egoístas (Jer. 17.9; Mr. 7.21, 22; Ro. 3.10-23; 5.6; 8.3-8). Somos pecadores en la práctica, y también por naturaleza. Dios tiene malos antecedentes de nosotros; tenemos un corazón egoísta y pecaminoso. Hacemos nuestra propia voluntad con tanta naturalidad como la lluvia cae del cielo o el fuego arde (Is. 53.6).

Esta es una de las razones por las que Jesucristo vino al mundo; es por esto que vivió, murió y resucitó. El murió, el justo por los injustos para llevarnos a Dios (1 P. 3.18). Murió en lugar de aquellos que verdaderamente confían en El, y llevó el castigo de sus pecados. Vivió en lugar de ellos cumpliendo la ley de Dios perfectamente como su sustituto. En base a su vida y muerte en su lugar, los pecadores que confían en El son reconciliados. Llegan a ser una unidad con Dios (Ro. 5.6-11).

Pero ocurre otra cosa cuando una persona sinceramente cree en el Señor Jesucristo. Es que esa persona recibe el regalo del Espíritu Santo (Ef. 1.13, 14; 1 Co. 6.19, 20), quien le capacita para vivir de una manera y relacionarse con otras personas en una forma que antes le era imposible, y puede obedecer a Dios y cumplir su Palabra. "Andad en [o por] el Espíritu y no satisfagáis [satisfaréis] los deseos de la carne" (Gá. 5.16). Anden en el Espíritu y sus vidas no serán gobernadas por las normas y los dictámenes de la carne, sino controladas por el Espíritu Santo (Ro. 8.4).

En la medida que dependemos de El, contamos con El, le obedecemos, el Espíritu Santo nos da poder para hacer lo que jamás podríamos haber hecho en nuestra propia fuerza. El cautiva nuestros pensamientos, deseos y razonamientos pecaminosos y nos capacita para obedecer a Jesucristo (2 Co. 10.4, 5).

Al confiar en El, depender de El y procurar obedecerle, El nos capacita para ser los esposos que la Biblia dice debemos ser. Nos da el poder para poner en práctica los preceptos y principios bíblicos que hemos aprendido en este libro.

Por Su poder el marido y su esposa pueden aquí y ahora en gran medida:

1. Comprender y poner en la práctica los roles complementarios y las responsabilidades de un esposo y una esposa.

2. Desarrollar y mantener un buen sistema de comunicación.

3. Considerar y utilizar el dinero según una perspectiva bíblica.

4. Experimentar relaciones sexuales satisfactorias para ambos.

5. Criar a sus hijos de acuerdo con los preceptos de la Palabra de Dios.

6. Comprender y poner en práctica todo el propósito que Dios tiene para el matrimonio según Génesis 2.18-25.

Por Su poder, lo imposible puede suceder: uno más uno pueden llegar a ser en realidad igual a uno.

 Otros libros de:
EDITORIAL PORTAVOZ

CAPACITADO PARA ORIENTAR   Jay E. Adams
Un enfoque bíblico sobre la orientación, con la insistencia de que todos los cristianos pueden llegar a ser consejeros competentes, bien calificados para orientar. (4ª ed., 328 pp.)

CÓMO CRECER POR EL DIVORCIO   Jim Smoke
Este libro no es una exhortación a que las parejas consideren el divorcio cuando enfrenten problemas en su matrimonio. Es más bien una guía práctica para cualquiera que ya esté pasando o haya pasado por esa experiencia. Puede transformar su vida y convertir un viejo final en un nuevo comienzo. Incluye guía de trabajo. (208 pp.)

CÓMO MANEJAR SU DINERO   Larry Burkett
Un estudio profundo de los principios de Dios para el manejo del dinero. Útil para usarse en estudios de grupo o personales, talleres y seminarios. Incluye ejercicios de preguntas y respuestas. (128 pp.)

CÓMO SER FELIZ   Richard DeHaan
Un estudio estrictamente basado en las Escrituras para disfrutar de una vida feliz. Algunos de los temas son los obstáculos a una vida feliz, como las emociones, los sentimientos de culpa y el temor. (3ª ed., 64 pp.)

LA FAMILIA AUTÉNTICAMENTE CRISTIANA
Prólogo de Emilio A. Núñez   Guillermo D. Taylor
Un estudio bíblico muy completo sobre el tema de la familia, desde la institución del matrimonio por Dios hasta el controvertido tema de la planificación familiar. Otros asuntos que se tratan son el machismo, las relaciones sexuales, la educación sexual de los hijos y la recreación. (2ª ed., 240 pp.)

LA FAMILIA Y SUS FINANZAS — Larry Burkett

Una guía de referencia completa sobre las finanzas con conceptos bíblicos y sugerencias prácticas para crear un programa financiero para la familia. (3ª ed., 160 pp.)

LA MUJER: SU MISIÓN, POSICIÓN Y MINISTERIO — Perry B. Fitzwater

Debido a que la mujer desempeña un papel clave en la formación del hogar, es de gran importancia que se conozca su verdadera posición. La mujer debe conocer su lugar y estar dispuesta a ocuparlo. He aquí la respuesta. (8ª ed., 80 pp.)

LA OTRA MUJER EN SU MATRIMONIO — H. Norman Wright

Comprenda el impacto de una madre en la vida de su hijo y cómo afecta su matrimonio. (224 pp.)

MATRIMONIO, DIVORCIO Y NUEVO MATRIMONIO — Theodore H. Epp

El autor analiza las Escrituras para encontrar las respuestas de Dios a las preguntas sobre el matrimonio, el divorcio y el nuevo casamiento. (2ª ed., 96 pp.)

PERDONAR PARA SER LIBRE — David Augsburger

Este libro da instrucciones y ejemplos muy prácticos de cómo tener una actitud perdonadora. (8ª ed., 160 pp.)

SIEMPRE SERÉ TU NIÑA PEQUEÑA — N. Norman Wright

Un estudio del impacto que un padre ejerce sobre su hija y cómo influye su relación con él en la vida emocional de la mujer y en su relación con los hombres en general. (240 pp.)

¿YO? ¿OBEDECER A MI MARIDO? — Elizabeth Rice Handford

¿Debe la esposa obedecer a su marido? ¿aun cuando es inconverso? ¿Tiene que hacer toda clase de concesiones? ¿Qué ocurre si un esposo ordena algo explícitamente incorrecto? Este libro incluye las respuestas a estas y otras preguntas. La autora presenta la enseñanza bíblica respecto al papel de la esposa en el matrimonio. (4ª ed., 128 pp.)